1. Auflage 1997
ISBN 3-932023-08-0

Rezeptfotos: Walter Cimbal u.a. (siehe Bildnachweis)

Texte und Rezeptbearbeitung: Monika Kellermann

Redaktion: Nicole Neumayer, Edelgard Prinz-Korte

Küche: Monika Reiter

Grafische Gestaltung, Umschlaggestaltung: Zero, München

DTP: Andrea Eschler

Herstellung: Peter Karg-Cordes

Lithografie: Inteca Media Service GmbH, Rosenheim

Druck und Bindung: Printer Portuguesa

In Zusammenarbeit mit der TR-Verlagsunion GmbH, München

Alfons Schuhbecks

neue regionale Schmankerl

ZABERT SANDMANN

Inhalt

Andalusien

Betörende Flamencotänze, mitreißende Fiestas und kulinarische Gegensätze – das ist der Reiz Andalusiens.

Denkt man an Spanien, hat man meist Bilder aus Andalusien vor Augen: die Alhambra in Granada, die gestreifte Moschee in Córdoba und das reich verzierte Mauerwerk der Giralda in Sevilla. Andalusien, das sind aber auch Olivenhaine, so weit das Auge reicht, Flamencoklänge und der Duft von Orangenblüten.

Der südlichste Teil der Iberischen Halbinsel macht nahezu ein Fünftel des Landes aus. Er ist die größte und auch die bevölkerungsreichste Region Spaniens. Vom Atlantik bis zum Mittelmeer reichend, vereint diese Region alle Gegensätze des Landes: Andalusien hat die längste Küste, die höchsten Berge, die heißeste Wüste und damit auch die unterschiedlichsten Klimaverhältnisse Spaniens.

Die Küche Andalusiens ist nicht nur durch diese Gegensätze geprägt, sondern auch durch die unterschiedlichen geschichtlichen Einflüsse. Die Phönizier pflanzten um 1100 v. Chr. die ersten Rebstöcke dort, wo heute erfolgreich Sherry hergestellt wird. Später machten die Römer den Boden fruchtbar, sie säten Weizen und legten Olivenhaine und Weingärten an. Die ersten Orangenbäume wurden von den Mauren gepflanzt. Aus arabischer Tradition stammt auch die Liebe der Andalusier zu Süßigkeiten.

Jede Provinz in Andalusien hat ihre eigenen Spezialitäten. So gibt es natürlich entlang der Küste die frischesten Meeresfrüchte und aus der Provinz Sevilla, wo Reis angebaut wird, kommt die beste Paella. In den Gebirgsgegenden schätzt man die würzige „Chorizo", eine pikante Knoblauch-Paprikawurst und „Morcilla", eine süßliche Blutwurst. Die hervorragendsten Eiergerichte werden in Sevilla serviert und Córdoba ist berühmt für die aromatischste „Gazpacho"-Suppe.

Trotz dieser Gegensätze: Überall liebt man – vor allem mittags – „Tapas". Das sind kleine Häppchen, die am besten mit einem Gläschen Fino-Sherry schmecken. „Tapa" heißt übersetzt „Deckelchen". Früher legte man auf jedes Sherryglas eine kleine Brotscheibe, die dann zum Sherry gegessen wurde.

Heute locken in jeder Bar eine Vielzahl unterschiedlichster Tapas, angefangen von Oliven, Sardellen, frisch aufgeschnittenem Serranoschinken und Stückchen von Chorizowürsten bis hin zu gratinierten Muscheln, Tortillas, gebratenen Glasaalen und vieles mehr.

Nicht zuletzt ist Andalusien ein Paradies für alle, die Süßes lieben.

Gazpacho

Für 4 Personen

1 Salatgurke (ca. 400 g), 600 g Tomaten

3 rote Paprikaschoten, 1 Knoblauchzehe

2 EL saure Sahne

3 EL Olivenöl (extra virgen), 1 EL Basilico-Öl

2 EL Rotweinessig, 200 ml Gemüsebrühe

Salz, frisch gemahlener Pfeffer

1 Prise Zucker, Cayennepfeffer

Außerdem:

2 Scheiben Weißbrot, 3 EL Olivenöl (extra virgen)

1. Die Gurke schälen, längs halbieren und entkernen. Tomaten überbrühen, häuten, halbieren und entkernen. Paprikaschoten waschen, der Länge nach halbieren und die Trennwände und Stielansätze entfernen. Von jeder Gemüsesorte jeweils ein Stück möglichst kleinwürfeln und die Würfel beiseite legen. Das restliche Gemüse mit der geschälten Knoblauchzehe im Mixer fein pürieren. Saure Sahne, Oliven- und Basilico-Öl sowie den Essig und die Gemüsebrühe dazugeben und alles kräftig durchmixen. Die Suppe mit Salz, Pfeffer, Zucker und Cayennepfeffer abschmecken und kalt stellen.

2. Weißbrot kleinwürfeln und im erhitzten Olivenöl in einer Pfanne goldbraun rösten. Gazpacho eiskalt servieren. Die Gemüse- und Brotwürfel bereitstellen und die Suppe nach Belieben damit bestreuen.

Alfons Schuhbeck

Traditionell werden die Zutaten im Mörser mit einem Stößel zermahlen. Einfacher geht es aber mit einem Mixer!

Meeresfrüchte in Orangen-Sherry-Marinade

Vor allem entlang der Küste bekommt man in jeder Tapas-Bar marinierte Meeresfrüchte oder Sardinen. Mit einem Glas gut gekühltem Fino-Sherry und einem Stückchen Weißbrot ist dies ein leichtbekömmlicher Genuß.

Für 4 Personen

250 g frische gemischte Meeresfrüchte

1 Knoblauchzehe

1 TL Fenchelsamen

1 Lorbeerblatt

1 Peperoni

2 EL Basilico-Öl

4 Frühlingszwiebeln

4 EL Sherry (Amontillado, medium dry)

Saft von 2 Orangen und 1 Zitrone

⅛ l Gemüsebrühe

5 EL Olivenöl (extra virgen)

1 EL Thymianblätter

3 EL frische, gehackte Petersilie

Salz, frisch gemahlener Pfeffer

1 Prise Zucker

2 EL Pinienkerne

1. Meeresfrüchte kurz waschen und in einem Sieb abtropfen lassen. Auf einem Küchentuch ausbreiten und gut trocknen lassen.

2. Einen breiten Topf oder eine Pfanne mit hohem Rand ohne Fett erhitzen und die ungeschälte Knoblauchzehe, die Fenchelsamen, das Lorbeerblatt und die feingehackte Peperoni darin unter Rühren anrösten. Die Gewürze mit dem Basilico-Öl beträufeln und alles kurz durchrühren.

3. Frühlingszwiebeln putzen und schräg in dünne Scheiben schneiden. Kurz im Würzöl anbraten und mit dem Sherry ablöschen. Die Mischung etwas einkochen lassen, dann die frisch gepreßten Zitrussäfte, die Gemüsebrühe und das Olivenöl angießen. Die Thymianblättchen und die Hälfte der gehackten Petersilie untermischen und die Marinade mit Salz, Pfeffer und Zucker würzen.

4. Die Meeresfrüchte in die Marinade geben und in wenigen Minuten bei schwacher Hitze gar ziehen lassen. Mit der Marinade auf eine tiefe Platte geben und mit Frischhaltefolie bedeckt im Kühlschrank einige Stunden durchziehen lassen.

5. Kurz vor dem Servieren die Pinienkerne in einer Pfanne ohne Fett rösten. Die marinierten Meeresfrüchte mit den Pinienkernen und der restlichen Petersilie bestreuen.

Alfons Schuhbeck

Das aromatische Basilico-Öl ist eine echte Bereicherung der kalten Küche. Es verleiht den Meeresfrüchten eine frische Basilikumnote, ohne ihren feinen Geschmack oder den der Orangen zu übertönen.

Sie können auf diese Weise auch nur Muscheln oder Tintenfische marinieren, je nachdem, was Ihnen besser schmeckt. Gebratene Sardinen schmecken in dieser Marinade ebenfalls köstlich.

Marinierte Sardinen

Für 4 Personen

8 mittelgroße Sardinen (küchenfertig)

3 EL doppelgriffiges Mehl

Salz, frisch gemahlener Pfeffer

5 EL Olivenöl (extra virgen)

Für die Marinade:

2 Zwiebeln, 2 EL Olivenöl (extra virgen)

1 EL Zucker, 1 Lorbeerblatt

1 TL Senfkörner, 5 Pimentkörner

2 Wacholderbeeren

¼ l Gemüsebrühe

200 ml Weißweinessig

1 EL Schnittlauchröllchen

1. Sardinen gründlich waschen und trockentupfen. Das Mehl, etwas Salz und Pfeffer vermischen und die Sardinen darin wenden.

2. Olivenöl in einer großen beschichteten Pfanne erhitzen und die Sardinen Kopf an Schwanz hineinlegen. Auf jeder Seite goldbraun braten, dabei vorsichtig wenden. Die Fische herausheben und Kopf an Schwanz in eine längliche Servierschale legen.

3. Für die Marinade die Zwiebeln schälen, halbieren und in feine Streifen schneiden. Zwiebelstreifen in Olivenöl andünsten, die Gewürze hinzufügen und kurz mit andünsten. Die Gemüsebrühe und den Weißweinessig angießen, aufkochen lassen und die heiße Marinade über die Sardinen gießen.

4. Die Servierschale mit Frischhaltefolie abdecken und die Sardinen im Kühlschrank mindestens 4 Stunden durchziehen lassen. Mit den Schnittlauchröllchen bestreut servieren.

Datteln im Speckmantel

Für 4 Personen

20 frische Datteln

20 geschälte Mandeln

10 Scheiben durchwachsener, hauchdünn geschnittener Speck

20 große, frische Salbeiblätter

20 kleine Holzspieße, 2 EL Keimöl

1. Die Datteln häuten, längs einschneiden, den Stein entfernen und durch eine Mandel ersetzen. Die Speckscheiben der Länge nach halbieren.

2. Die Datteln erst mit einem Salbeiblatt, dann mit einer halben Speckscheibe umwickeln. Beides mit einem Holzspießchen feststecken.

3. Das Öl in einer Pfanne erhitzen und die Datteln darin rundum knusprig braten. Auf Küchenpapier abtropfen lassen und am besten lauwarm servieren.

Alfons Schuhbeck

Frische Datteln sind nicht nur schmackhaft, sondern auch sehr gesund. Mit drei bis vier Früchten deckt man den Tagesbedarf an Eisen. Auch ihr Gehalt an Vitamin B_{12} ist beachtlich. Datteln haben mit 134 Kalorien pro 100 g einen relativ hohen Kaloriengehalt, es gibt aber kaum eine gesündere Süßigkeit.

Frische Datteln sind etwa 5 cm lang und 15 g schwer. Ihr feiner Honiggeschmack kommt am besten zur Geltung, wenn man die feste, glatte Haut abzieht. Frische Datteln kommen vorwiegend aus Israel zu uns. Die empfindlichen Früchte werden dort vollreif geerntet, sofort schockgefrostet und tiefgekühlt transportiert. Datteln können im Kühlschrank 8 bis 10 Tage aufbewahrt werden.

Gratinierte Miesmuscheln

Eine beliebte Tapa, zu der man nicht nur Sherry trinkt, sondern vor allem knuspriges Stangenweißbrot ißt. Ein bekannter spanischer Spruch lautet nämlich: „Sin pan, no se puede comer!" was soviel bedeutet wie: „Ohne Brot kann man nicht essen!"

Für 6 Personen

24 große Miesmuscheln

1 Zwiebel

3 Knoblauchzehen

8–10 EL Olivenöl (extra virgen)

3 EL trockener Weißwein

2 EL Sherry (Fino)

1 Lorbeerblatt

80 g altbackenes Weißbrot ohne Rinde

70 g Butter, Salz

4 EL Petersilienblätter

frisch gemahlener Koriander

frisch gemahlener Pfeffer

Rosenpaprika (scharf)

300 g frischer Spinat

frisch geriebene Muskatnuß

Außerdem:

grobes Salz

1. Die Muscheln unter fließend kaltem Wasser waschen und gründlich abbürsten. Bereits geöffnete Muscheln aussortieren und wegwerfen.

2. Die Zwiebel schälen und in Würfel schneiden. 1 Knoblauchzehe schälen. In einem hohen Kochtopf 4 EL Olivenöl, den Wein und den Sherry erhitzen. Knoblauchzehe, Zwiebelwürfel und das Lorbeerblatt hinzufügen. Muscheln in den Sud geben und unter gelegentlichem Schütteln des Topfes so lange garen, bis sich die Schalen öffnen. Das Muschelfleisch herauslösen. Nicht geöffnete Muscheln wegwerfen.

3. Eine feuerfeste Form dick mit grobem Salz ausstreuen und einen Teil der Muschelschalen hineinsetzen. So können die Muschelschalen nicht kippen.

4. Das Weißbrot grob zerteilen und im Blitzhacker fein mahlen. 50 g Butter cremig rühren und salzen. Restliche Knoblauchzehen durch die Presse dazudrücken. Petersilienblätter, Koriander, Pfeffer, Paprika und die Brösel unterrühren. Den Backofen auf 220° C vorheizen oder den Backofengrill einschalten.

5. Den Spinat verlesen, waschen und in einem Sieb gut abtropfen lassen. Restliche Butter in einer Pfanne erhitzen, Spinat darin zusammenfallen lassen. Mit Salz, Pfeffer und Muskat würzen.

6. Jeweils etwas Spinat in die Muschelschalen füllen, das Muschelfleisch darauf setzen und mit etwas Bröselmasse bedecken. Mit Olivenöl beträufeln und wenige Minuten im heißen Backofen oder unter dem Grill goldbraun und knusprig backen. Die Muscheln schmecken warm und kalt.

Alfons Schuhbeck

Früher kamen Muscheln nur in Monaten mit einem „r" im Namen auf den Tisch, es gab also von Mai bis August keine. Heute ist es dank moderner Kühltechnik möglich, Muscheln ganzjährig zu genießen. Weltweit gibt es viele verschiedene, groß- und kleinschalige Sorten. Am bekanntesten sind Miesmuscheln, die fast ausschließlich gezüchtet werden. Sie kommen meist aus Spanien.

Tortilla mit Zucchini und Chorizo

Für 4 Personen

4 kleine Zucchini

2 Zwiebeln, 2 Knoblauchzehen

50 g Chorizo oder Salami

6 EL Olivenöl (extra virgen)

1 TL frischer, gehackter Oregano

5 Eier

Salz, frisch gemahlener Pfeffer

1. Zucchini waschen und in dünne Scheiben schneiden. Zwiebeln und Knoblauch schälen und in winzige Würfel, Chorizo in größere Würfel schneiden.

2. In einer großen beschichteten Pfanne (28 cm Durchmesser) 2 EL Olivenöl erhitzen und die Zwiebel- und Knoblauchwürfel darin glasig braten. Die Wurststücke und die Zucchinischeiben dazugeben, mit Oregano bestreuen und bei mittlerer Hitze etwa 4 bis 6 Minuten anbraten.

3. Die Eier in einer großen Schüssel verquirlen, salzen, pfeffern und die gebratenen Zucchini- und Wurstwürfel untermischen.

4. In der Pfanne 2 EL Olivenöl erhitzen, die Eier-Zucchini-Mischung hineingeben und zugedeckt bei schwacher Hitze in etwa 5 Minuten stocken lassen.

5. Das Omelett auf einen großen Teller gleiten lassen. Restliches Öl in der Pfanne erhitzen. Omelett mit Hilfe des Tellers wenden und auch die zweite Seite goldgelb braten. Tortilla abgekühlt in kleine, mundgerechte Stücke schneiden.

Kartoffel-Oliven-Tortilla

Für 6 bis 8 Personen

600 g vorwiegend festkochende Kartoffeln

1 Zwiebel, 3 Knoblauchzehen

6 EL Olivenöl (extra virgen)

½ TL frische Thymianblätter

100 g mit Paprika gefüllte grüne Oliven

8 Eier

Salz, frisch gemahlener Pfeffer

1. Die Kartoffeln schälen, waschen und in dünne Scheiben schneiden. Zwiebel und Knoblauch schälen und in kleine Würfel schneiden.

2. In einer Pfanne 3 EL Öl erhitzen, Zwiebeln und Knoblauch darin glasig braten. Kartoffeln zugeben, mit Thymian bestreuen und unter Rühren garen.

3. Oliven in Scheiben schneiden, darüberstreuen und etwa 6 bis 8 Minuten bei gelegentlichem Rühren mit braten. Sie dürfen keine Farbe annehmen, sonst schmecken sie bitter.

4. Eier in einer Schüssel verquirlen, salzen und pfeffern. Gebratene Kartoffeln und Oliven untermischen. Kartoffel-Tortilla wie die Zucchini-Tortilla (siehe S. 14) zubereiten, die Garzeit jedoch etwas verlängern.

Alfons Schuhbeck

Es gibt sicher kaum einen Spanienurlauber, der nicht das wohl typischste Gericht des Landes – die Tortilla – kennengelernt hätte. Fast in jeder Tapas-Bar wird sie, in kleine Häppchen geschnitten, angeboten.

Die echte „Tortilla español" wird ohne Knoblauch und Zwiebeln gemacht. Mir persönlich schmeckt sie mit beidem zubereitet aber besser.

Geflügelleber in Sherrysauce

Für 4 Personen

2 Schalotten, 1 Knoblauchzehe

500 g Hühnerleber

1–2 EL doppelgriffiges Mehl (Dunst)

Salz, frisch gemahlener Pfeffer

½ TL Thymianblätter

4 EL Olivenöl (extra virgen)

⅛ l Sherry (Fino)

⅛ l Hühnerbrühe

1 Lorbeerblatt, 1 Thymianzweig

1 EL frische, gehackte Petersilie

1. Schalotten und Knoblauch schälen und in kleine Würfel schneiden. Hühnerlebern säubern, waschen und trockentupfen. Mehl, Salz, Pfeffer und Thymian vermischen und die Lebern darin wenden.

2. Öl in einer beschichteten Pfanne erhitzen und die Lebern darin portionsweise kurz anbraten. Herausnehmen und mit Alufolie abgedeckt warm halten.

3. Den Bratensatz mit der Hälfte des Sherrys ablöschen und einkochen lassen. Die Hühnerbrühe und den restlichen Sherry angießen. Lorbeerblatt und Thymianzweig zufügen und die Sauce auf die Hälfte der Flüssigkeit einkochen lassen. Lorbeerblatt und Thymianzweig wieder herausnehmen.

4. Die Hühnerlebern wieder in die Sauce geben und darin in wenigen Minuten fertiggaren. Die Petersilie unterrühren. Sauce mit etwas Pfeffer abschmecken.

5. Die Hühnerlebern auf kleine Teller verteilen, mit der Sauce überziehen und mit Weißbrot servieren.

Alfons Schuhbeck

Sherry und Andalusien gehören untrennbar zusammen. Für mich ist Sherry ein interessantes, bekömmliches und wohlschmeckendes Getränk, das bei uns noch immer zu wenig bekannt ist.

Der einzigartige Wein wird nur im südlichen Andalusien rund um die Stadt Jerez de la Frontera erzeugt. Nur dort findet man die idealen klimatischen Bedingungen und die nötige Bodenbeschaffenheit. Nicht nur das Anbaugebiet, auch das Herstellungsverfahren prägen seinen Geschmack.

Sherry wird nach dem Solerasystem erzeugt. Dabei lagern Weine unterschiedlicher Reifestadien in übereinanderliegenden Fässern. Was aus den älteren, unten liegenden Fässer entnommen wird, wird mit jungen Weinen aufgefüllt. Die charakteristischen Merkmale der älteren Weine gehen so auf die jüngeren über und es wird eine gleichbleibende Qualität erzielt.

Sherry gibt es in diesen Geschmacksrichtungen:

Fino
Ein sehr heller Sherry, der immer „dry" oder „very dry" ist. Er hat ein feines, zartes Mandelaroma und eine dezente Säure. Man trinkt ihn kühl. Ein idealer Aperitif, der vorzüglich zu den meisten Tapas paßt.

Amontillado
Ein enger Verwandter des Fino, aber dunkler und vollmundiger. Er wird vorwiegend in den Geschmacksrichtungen „medium" oder „medium dry" verkauft. Man trinkt ihn als Aperitif oder abends zur Entspannung.

Oloroso
„Der Wohlriechende", wie ihn die Spanier nennen, ist ein dunkelgoldener Sherry mit vollem Bukett und leicht süßlich im Geschmack. Eine köstliche Rarität sind körperreiche und dennoch vollkommen trockene Oloroso. Ein idealer Drink zum Tagesausklang.

Cream
Ein dunkler, milder und süßer Sherry. Der ideale Begleiter zu Desserts und Gebäck.

Manzanilla
Ein ausgesprochen trockener, würziger Fino aus der Gegend von Sanlúcar de Barrameda, der wie Fino kühl und als Aperitif serviert wird.

Pedro Ximénez
Ein süßer Wein, für den Pedro-Ximénez-Trauben bis zu 3 Wochen auf Strohmatten getrocknet werden. Die Gärung stoppt man mit Alkohol, um ihm die volle Süße zu belassen. Ein sehr süßer Dessertwein, der nach Rosinen duftet und schmeckt.

Mandelparfait mit Sherry

Für 6 Personen

2 EL Wasser

70 g Zucker

3 EL Mandellikör

5 Eigelbe

300 g Sahne

60 g Krokant

4–6 cl Sherry (Cream oder Pedro Ximénez)

1. In einem Topf 2 EL Wasser mit 1½ EL Zucker erhitzen und den Zucker unter Rühren auflösen. Den Mandellikör unterrühren.

2. Eigelb mit dem restlichen Zucker so lange schaumig schlagen, bis die Masse hell und cremig ist. Die heiße Zucker-Likör-Mischung unter ständigem Schlagen dazugießen. So lange weiterschlagen, bis die Masse abgekühlt ist.

3. Die Sahne steif schlagen und mit dem Krokant unter die Eigelbmasse heben. Die Creme in 6 kleine Souffléfömchen füllen und im Tiefkühlgerät etwa 4 bis 6 Stunden gefrieren lassen.

4. Souffléförmchen etwa 15 Minuten vor dem Servieren aus dem Tiefkühler nehmen, damit das Parfait nicht zu hart ist. Mit einem Kugelausstecher in der Mitte ein wenig aushöhlen und in die entstandene Mulde etwas Sherry (Cream oder Pedro Ximénez) gießen.

Die Zimtplätzchen dazu servieren.

Zimtplätzchen

Für 6 Personen

190 g weiche Butter

70 g Zucker

1 Prise Salz

4 cl spanischer Brandy

1 EL Zimtpulver

375 g Mehl

Butter und Mehl für das Blech

Puderzucker zum Bestäuben

1. Butter, Zucker und eine Prise Salz mit den Schneebesen des Handrührgerätes cremig rühren. Brandy mit Zimt verrühren und langsam unter weiterem Rühren dazugießen. Nach und nach das Mehl erst unterrühren, dann rasch mit den Händen unterkneten. Den Teig zu einer Kugel formen, in Frischhaltefolie wickeln und im Kühlschrank etwa 1 Stunde ruhen lassen.

2. Den Backofen auf 175° C vorheizen. Den Teig auf der bemehlten Arbeitsfläche etwa 5 mm dick ausrollen. Mit einem runden Ausstechförmchen (3 cm Durchmesser) Plätzchen ausstechen und auf ein gebuttertes und mit Mehl bestreutes Backblech legen. Zimtplätzchen im Backofen auf der mittleren Schiene in etwa 12 Minuten goldbraun backen.

3. Plätzchen mit einer Palette vorsichtig vom Blech lösen und noch heiß mit Puderzucker bestäuben.

Alfons Schuhbeck

Die Zimtplätzchen schmecken nicht nur zum Mandelparfait, sie sind auch ein köstlich-knuspriges Weihnachtsgebäck.

Baskenland

Kochclubs pflegen mit Begeisterung die kulinarische Tradition des Baskenlandes.

Grüne Wiesen, bewaldete Berge, zerklüftete Küsten, weiße Strände und trockene Ebenen prägen das Bild des Baskenlandes. So abwechslungsreich wie die Landschaft ist auch die baskische Küche. Neben Lammfleisch, Käse aus Schafsmilch, Krustentieren und Seefischen – häufig auch getrocknet – sind fangfrische Forellen und vor allem Paprikaschoten die Stützpfeiler dieser Küche.

Niemand weiß genau, woher die Basken stammen. Sie sind ein uralter Volksstamm, der mit keinem anderen in Europa verwandt ist. Einzigartig wie die Menschen ist auch ihre Sprache, bei der sich Konsonanten wie K, X und Z für uns unaussprechlich aneinanderreihen. Das Baskenland ist eine autonome Region Spaniens, und die Basken sind sehr stolz auf ihre Kultur, nicht zuletzt auf ihre Kochkultur.

Unverfälscht und traditionell, so könnte man die Kochkunst der Basken bezeichnen. Selbst die „Nueva cocina vasca“, die neue baskische Küche, ist eine perfekte Weiterentwicklung typischer Rezepte.

Wie wichtig für die Basken gutes Essen ist, sieht man daran, daß schon im 19. Jahrhundert in San Sebastian eine gastronomische Gesellschaft ins Leben gerufen wurde. Heute gibt es im Baskenland Hunderte dieser reinen Männerkochclubs. Die kochfreudigen Männer treffen sich zum gemeinsamen Kochen, Essen, Rezept- und Gedankenaustausch. Es ist auch heute noch eine Ehre und ein wichtiger gesellschaftlicher Status, Mitglied in einem dieser Clubs zu sein.

Die Basken lieben frischen Fisch und Meerestiere, entweder auf dem Holzkohlenfeuer gegrillt oder mit Gemüse, Kräutern und Wein gegart. Obwohl es eigentlich das ganze Jahr hindurch frischen Fisch aus dem Meer gibt, zählt der getrocknete Stockfisch, der „Bacalao“, in Olivenöl und Knoblauch langsam gegart oder in pikanter Paprikasauce, zu den Lieblingsgerichten der Basken.

Im Landesinneren stehen vor allem Fleischgerichte mit Schwein, Rind, Lamm und Wild auf dem Speisezettel. Am liebsten mit Pilzen zubereitet, die es dort von Frühling bis Herbst frisch gibt. Bei den Süßspeisen schätzt man „Leche frita“, die „gebratene Milch“ oder „Arroz con leche“, köstlichen Milchreis.

Die Basken trinken zum Essen gerne Rotwein, bevorzugt aus dem benachbarten Navarra oder der Rioja. Der trockene, leicht moussierende Txacolí aus der Gegend paßt gut zu den Fischgerichten der Region. In den „Siderias“, kleinen Lokalen, die nur von Januar bis Mai geöffnet haben, wird der neue Cidre angeboten. Er schmeckt vor allem zu einfachen Speisen wie den beliebten Eiergerichten.

Piparrada

Für 4 Personen

2 Zwiebeln, 1 Knoblauchzehe

2 rote Paprikaschoten

500 g vollreife Tomaten

5 EL Olivenöl (extra virgen)

50 g dünn geschnittener Serranoschinken

Salz, frisch gemahlener Pfeffer

4 Eier, 80 ml Milch

etwas Cayennepfeffer

3 Thymianzweige

1. Zwiebeln und Knoblauch schälen und in kleine Würfel schneiden. Paprikaschoten putzen, halbieren und mit den Schnittflächen nach unten auf ein Backblech legen. Unter dem Backofengrill so lange rösten, bis die Haut leicht gebräunt ist und Blasen wirft. Die Schoten etwas abkühlen lassen und häuten. Die Hälften in Streifen schneiden. Tomaten kurz überbrühen, häuten, halbieren und entkernen. Das Fruchtfleisch in Streifen schneiden.

2. Das Olivenöl in einer beschichteten Pfanne erhitzen und Zwiebeln und Knoblauch darin glasig dünsten. Die Paprikastreifen dazugeben und mit anbraten. Serranoschinken in feine Streifen schneiden und mit den Tomatenstreifen in die Pfanne geben. Mit Salz und Pfeffer würzen und alles kurz durchrühren.

3. Eier und Milch schaumig schlagen. Mit Salz, Pfeffer und Cayennepfeffer würzen und gleichmäßig über das angedünstete Gemüse gießen. Zugedeckt bei schwacher Hitze stocken lassen. Piparrada mit Thymian garniert servieren.

Forellenfilet mit Serranoschinken

Da sich in den glasklaren Flüssen und Bächen der baskischen Bergregionen zahlreiche Forellen tummeln, gibt es im Baskenland auch viele schmackhafte Rezepte für diesen Süßwasserfisch.

Für 4 Personen

Für die Thymiankartoffeln:

500 g kleine neue Kartoffeln

2 EL Olivenöl (extra virgen)

Meersalz, frisch gemahlener Pfeffer

2 TL frische Thymianblätter

Für die Sauce:

4 Knoblauchzehen

2 Schalotten

100 ml Weißwein

2 EL Sherry (Amontillado, medium)

200 ml Gemüsebrühe

1 Prise Zucker, 1 kleines Lorbeerblatt

5 weiße Pfefferkörner, 1 TL Zitronensaft

80 g Sahne, Salz

Für die Forellenfilets:

100 g Serranoschinken

4 EL Olivenöl (extra virgen)

8 Forellenfilets mit Haut

etwas Zitronensaft

Meersalz, frisch gemahlener Pfeffer

1. Backofen auf 200° C vorheizen. Die Kartoffeln waschen und längs halbieren. Die Hälften mit den Schnittflächen nach oben in einen mit Olivenöl gefetteten Bräter setzen. Mit Meersalz, Pfeffer und Thymian würzen und im Ofen 40 Minuten garen.

2. Die ungeschälten Knoblauchzehen in eine kleine feuerfeste Form legen, zu den Kartoffeln in den Backofen stellen und 15 Minuten garen. Knoblauch etwas abkühlen lassen und schälen.

3. Die Schalotten schälen und fein würfeln. Weißwein in einem kleinen Topf um die Hälfte einkochen lassen. Sherry und Schalotten dazugeben. Die Gemüsebrühe angießen, Zucker, Gewürze, Zitronensaft und Sahne hinzufügen und die Sauce auf ein Drittel der Flüssigkeit einkochen lassen. Salzen, das Lorbeerblatt entfernen und die Sauce zusammen mit den Knoblauchzehen in ein hohes Gefäß geben. Mit dem Stabmixer sämig aufschlagen.

4. Den Serranoschinken in ca. 5 cm breite Streifen schneiden. 2 EL Olivenöl in einer beschichteten Pfanne erhitzen und den Schinken darin knusprig braten. Auf Küchenpapier abtropfen lassen.

5. Die Forellenfilets mit Zitronensaft, Meersalz und Pfeffer würzen. Das restliche Öl erhitzen und die Fischfilets auf der Hautseite in 2 bis 3 Minuten anbraten. Wenden, die Pfanne von der Kochstelle nehmen und die Fischfilets in wenigen Minuten gar ziehen lassen. Herausnehmen, auf Küchenpapier abtropfen lassen und warm stellen.

6. Die Sauce noch einmal schaumig aufschlagen. Die Forellenfilets mit Schinkenstreifen belegen. Mit der Knoblauchsauce und den Kartoffeln auf vorgewärmten Tellern anrichten.

Thunfisch-Kartoffel-Eintopf

Für 4 Personen

1 Zwiebel, 1 Knoblauchzehe

1 rote Paprikaschote

500 g vollreife Tomaten oder Tomatenstücke (aus der Packung)

500 g festkochende Kartoffeln

5 EL Olivenöl (extra virgen)

1 TL Tomatenmark

1 EL Paprika (edelsüß)

1 Prise Cayennepfeffer

Salz, frisch gemahlener Pfeffer

1,2 l Gemüsebrühe

1 Lorbeerblatt

500 g frischer weißer Thunfisch (Bonito)

1–2 EL Zitronensaft

2 EL frische, gehackte Petersilie

Außerdem:

2 EL Olivenöl (extra virgen)

4 Scheiben Weißbrot

1. Zwiebel und Knoblauch schälen und in kleine Würfel schneiden. Paprikaschoten halbieren, Stielansätze und Trennwände entfernen. Die Hälften mit den Schnittflächen nach unten auf ein Backblech legen. Unter dem Backofengrill so lange rösten, bis die Haut leicht gebräunt ist und Blasen wirft. Schoten herausnehmen, etwas abkühlen lassen und häuten. Die Hälften in Würfel schneiden.

2. Tomaten kurz überbrühen, häuten, halbieren, entkernen und in Würfel schneiden. Falls Sie Tomatenstücke aus der Packung verwenden, lassen Sie diese auf einem Sieb gut abtropfen.

3. Kartoffeln schälen und in etwa 2 cm große Würfel schneiden. Das Olivenöl in einem Bratentopf erhitzen. Zwiebeln und Knoblauch darin anbraten. Paprikawürfel dazugeben und mit anbraten. Das Tomatenmark unterrühren.

4. Die Kartoffelwürfel untermischen und mit Paprika, Cayennepfeffer, Salz und Pfeffer würzen. So viel Gemüsebrühe angießen, daß das Gemüse völlig bedeckt ist. Das Lorbeerblatt zufügen und das Gemüse zugedeckt bei schwacher Hitze in 15 bis 20 Minuten bißfest garen.

5. Den Thunfisch waschen, trockentupfen und in etwa 3 cm große Würfel schneiden. Salzen, pfeffern und mit Zitronensaft beträufeln. Fisch mit den Tomatenstücken vorsichtig unter den Eintopf mischen. Die Kochplatte ausschalten und den Fisch in wenigen Minuten gar ziehen lassen.

6. Das Olivenöl in einer Pfanne erhitzen und die Weißbrotscheiben darin goldbraun rösten. Je eine Scheibe in einen tiefen Teller legen, den Thunfischeintopf darübergeben und mit gehackter Petersilie bestreut servieren.

Alfons Schuhbeck

Dieser köstliche Eintopf ist ein Klassiker der baskischen Küche und heißt „Marmitako".

Der Name Marmitako stammt von „Marmita", das ist ein bauchiger, gußeiserner Schmortopf, der ursprünglich auf den baskischen Fischerbooten zum Kochen verwendet wurde. Das Gericht gibt es natürlich in den unterschiedlichsten Variationen, von Familie zu Familie ein wenig verschieden. Aber weißer Thunfisch (Bonito), Paprika und Kartoffeln müssen immer dabei sein.

Pochierte Rochenrouladen mit Paprikasauce

Für 4 Personen

Für die Sauce:

2 rote Paprikaschoten

1 kleine Zwiebel

1 kleine Knoblauchzehe

2 EL Olivenöl (extra virgen)

1 Prise Zucker

200 ml Gemüsebrühe

Salz, 1 Prise Cayennepfeffer

Für den Sud:

¼ l Gemüsebrühe

¼ l trockener Weißwein

½ Zitrone, in Scheiben geschnitten

7 EL Olivenöl (extra virgen)

1 Msp Paprika (edelsüß)

1 Lorbeerblatt

2 Wacholderbeeren

Für die Rouladen:

750 g filetierter Rochenflügel, Salz, Pfeffer

kleine Holzspieße

3–4 EL Olivenöl (extra virgen)

3 EL frische, gehackte Petersilie

1 EL Kapern

1. Für die Sauce die Paprikaschoten waschen und halbieren. Die Stielansätze und die Trennwände entfernen. Paprikahälften mit den Schnittflächen nach unten auf ein Backblech legen und unter dem Backofengrill so lange rösten, bis die Haut leicht gebräunt ist und Blasen wirft. Die Schoten kurz abkühlen lassen, dann die Haut abziehen und die Hälften in kleine Würfel schneiden.

2. Zwiebel und Knoblauch schälen und fein würfeln. Das Öl erhitzen, Zucker zufügen und Zwiebeln und Knoblauch darin glasig dünsten. Zwei Drittel der Paprikawürfel zugeben und wenige Minuten mit dünsten. Die Gemüsebrühe angießen, mit Salz und Cayennepfeffer würzen und einige Minuten köcheln lassen. Die Sauce mit dem Stabmixer fein pürieren.

3. Die Zutaten für den Sud in einen Topf geben, aufkochen lassen und bei abgeschalteter Kochplatte noch einige Minuten ziehen lassen.

4. Aus den Rochenflügeln 4 gleich große Teile schneiden und mit Salz und Pfeffer würzen. Mit der Hautseite nach innen wie Rouladen aufrollen, dabei die dünn auslaufenden Enden mit einwickeln. Die Enden mit kleinen Holzspießen feststecken und die Rouladen rundum im heißen Olivenöl anbraten. Die Rochenrouladen in den siedenden, aber nicht kochenden Sud legen und in etwa 15 Minuten gar ziehen lassen.

5. Die Paprikasauce noch einmal erhitzen und 5 bis 6 EL des Suds unterrühren. Sauce kurz mit dem Stabmixer aufschäumen. Die restlichen Paprikawürfel untermischen und die Sauce auf 4 tiefe, vorgewärmte Teller verteilen. Die Rouladen daraufsetzen und mit gehackter Petersilie und Kapern bestreut servieren.

Alfons Schuhbeck

Vom Rochen, einem riesigen Plattfisch, werden hauptsächlich die fleischigen Brustflossen, die man als Flügel bezeichnet, verwendet. Das weiße, ein wenig gallertartige Fleisch schmeckt pochiert am besten.

Läßt man den Pochiersud einkochen und die vorher darin gegarten Rouladen im Sud erkalten, gelieren sie im eigenen Saft und ergeben eine köstliche kalte Vorspeise.

Seehecht im Muschelsud

Für 4 Personen

800 g Venusmuscheln, Salz

1 EL Zwiebelwürfel, 3 EL Olivenöl (extra virgen)

2 Knoblauchzehen, 1 Thymianzweig

¼ entkernte mittelscharfe Chilischote

⅛ l Weißwein, ½ l Gemüsebrühe

4 Seehechtfilets à 150 g

150 g Erbsen (tiefgekühlt)

2 EL frische, gehackte Petersilie

1 EL Zitronensaft

300 g grüner Spargel, 20 g Butter

weißer Pfeffer

4 Wachteleier, 2 EL Essig

1. Muscheln putzen, waschen und in kochendem Salzwasser garen. Nicht geöffnete Muscheln wegwerfen. Muschelfleisch auslösen. Zwiebelwürfel in 1 EL Öl mit Knoblauch, Thymian und Chili andünsten. Mit Wein ablöschen, einkochen lassen und die Brühe angießen. Sud kurz ziehen lassen, Gewürze entfernen und den Sud salzen.

2. Die Seehechtfilets in zwei Drittel des Suds in ca. 10 Minuten gar ziehen lassen. Erbsen im restlichen Sud garen. Muschelfleisch, Petersilie, Zitronensaft und das restliche Olivenöl untermischen. Spargelenden kürzen, die Stangen längs halbieren und schräg in Stücke schneiden. In Butter andünsten, salzen und pfeffern. Mit etwas Sud ablöschen und den Spargel bißfest braten. Die Wachteleier in leicht gesalzenem Essigwasser pochieren.

3. Fischfilets mit Muschelsud, Spargel, Muscheln und je einem pochierten Wachtelei anrichten.

Wachteln auf Kartoffeln und Steinpilzen

Für 4 Personen

300 g festkochende Kartoffeln, Salz

200 g frische Steinpilze

5 EL Geflügelbrühe, 4 EL Rotweinessig

1 EL weißer Portwein

10 EL Olivenöl (extra virgen)

frisch gemahlener schwarzer Pfeffer

1 Prise Zucker

Cayennepfeffer

2 EL frische, gehackte Kräuter

4 Wachteln (küchenfertig)

2 Knoblauchzehen, 1 Rosmarinzweig

1. Die Kartoffeln in Salzwasser garen, abdampfen lassen und schälen. Abgekühlt in Scheiben schneiden. Steinpilze putzen und vierteln.

2. Für die Kräutermarinade die Brühe mit Essig, Portwein und 4 EL Olivenöl verrühren. Mit Salz, Pfeffer, Zucker und Cayennepfeffer würzen. Die gehackten Kräuter unterrühren.

3. Backofen auf 150° C vorheizen. Die Wachteln salzen und pfeffern. In einem Bräter 4 EL Öl erhitzen, Knoblauch und Rosmarin zufügen und die Wachteln darin rundum goldbraun anbraten. Die Wachteln in 15 bis 20 Minuten im Backofen fertigbraten.

4. Restliches Öl erhitzen. Die Kartoffelscheiben und die Pilze darin anbraten, salzen und pfeffern. Auf 4 Tellern verteilen, die Wachteln darauf anrichten und mit der Kräutermarinade beträufeln.

Gebratene Puddingschnitten

Für 4 Personen

40 g Speisestärke (z.B. Mondamin)

400 ml Milch, 100 g Sahne

40 g Zucker, 1 Prise Salz

abgeriebene Schale von je ½ Orange und

Zitrone (unbehandelt)

1 Msp Vanillemark, 4 Eigelbe

2–3 EL Mehl

8 EL Keimöl

2 EL Zucker, ½ TL gemahlener Zimt

1. Speisestärke mit etwas kalter Milch glattrühren. Milch und Sahne mit Zucker, Salz, Zitronen- und Orangenschale und dem Vanillemark aufkochen. Die angerührte Speisestärke unter Rühren langsam hinzugeben. 2 Minuten kochen lassen, dabei kräftig umrühren. Nach und nach die Eigelbe unterrühren. Die Puddingcreme auf eine mit kaltem Wasser abgespülte, ca. 2 cm tiefe Platte gießen. Die Oberfläche glattstreichen. Mit Frischhaltefolie abdecken oder mit Zucker bestreuen, damit der Pudding keine Haut bekommt. Kalt stellen.

2. Den abgekühlten Pudding in Streifen oder Quadrate schneiden. Die Stücke in Mehl wenden.

3. Das Öl in einer großen Pfanne erhitzen und die Schnitten darin portionsweise goldbraun braten. Sofort in Zimtzucker wälzen und heiß servieren.

Alfons Schuhbeck

Dieser einfache, aber köstliche Nachtisch aus dem Baskenland wird in ganz Spanien gerne gegessen – und ich könnte mir vorstellen, auch bald bei uns.

Zitronentarte (Foto rechts)

Für 4 Personen

250 g Blätterteig (tiefgekühlt)

Hülsenfrüchte zum Blindbacken

3 EL Aprikosenkonfitüre

4 Zitronen (unbehandelt)

50 ml Wasser, 180 g Zucker

70 g Speisestärke (z.B. Mondamin)

375 ml Milch, 20 g Butter

100 g Zucker, 1 Msp Vanillemark

3 Eigelbe, 3 Eiweiße

Puderzucker zum Bestäuben

1. Backofen auf 180° C vorheizen. Blätterteig ausrollen und eine gefettetete Tarteform damit auskleiden. Mit den Hülsenfrüchten beschwert auf der mittleren Schiene im Ofen 15 Minuten backen. Die Hülsenfrüchte entfernen und den Boden noch warm mit 1 EL Aprikosenkonfitüre bestreichen.

2. Zitronen so schälen, daß auch die weiße Haut entfernt wird. Die Fruchtfilets zwischen den Trennhäuten herausschneiden, dabei den Saft auffangen. Das Fruchtfleisch in kleine Stücke schneiden. Wasser, Zucker und Zitronensaft aufkochen, mit 1 gestr. TL kalt angerührter Speisestärke binden. Die Zitronenstücke untermischen und die Zitronenmasse auf dem Blätterteigboden verteilen.

3. Milch, Butter, 80 g Zucker und das Vanillemark aufkochen. Mit 40 g kalt angerührter Speisestärke binden. Eigelb schnell unterrühren. Eiweiß mit der restlichen Speisestärke und dem Zucker steif schlagen und unter den heißen Pudding heben. Auf der Zitronenmasse verteilen. Die Tarte auf der obersten Schiene im Backofen goldbraun überbakken. Restliche Aprikosenkonfitüre erhitzen, die Zitronentarte damit glasieren und mit Puderzucker bestäuben.

Elsaß

Einfache, herzhafte Produkte, auf's Feinste zubereitet – das ist die große Kunst der Elsässer Köche.

Eines der wichtigsten Produkte der Elsässer Küche ist das Sauerkraut, das früher nur dann als genießbar galt, wenn „eine Sau hindurchgeloffen ist"! Heute serviert man es sogar zu Fisch und Meeresfrüchten, Schnecken oder Fasan.

Die kleinste Region Frankreichs ist etwa 140 km lang und 40 km breit und hat kulinarisch natürlich mehr zu bieten als nur Sauerkraut. Der Pro-Kopf-Verbrauch der Elsässer ist mit 3 kg Sauerkraut im Jahr jedoch beachtlich und übersteigt sogar den der als Krautesser weltweit bekannten Deutschen noch um ein Kilo.

Das berühmteste Elsässer Sauerkrautgericht ist die „Choucroute alsacienne". Da finden sich auf dem mit Wacholderbeeren, Zwiebeln und Elsässer Wein zubereiteten Sauerkraut eine Schweinshaxe, Schiffale (Kassler), Straßburger Knackwürste, hausgemachte Leber- und Blutwürste, gekochter und geräucherter Speck. Das Gericht erscheint sehr üppig: Sein Kaloriengehalt ist sicher nicht gerade gering, das Sauerkraut jedoch ist sehr gesund und kalorienarm! Außerdem gibt es im Elsaß herrliche Obstbrände oder Marcs (Tresterschnäpse), die man nach dem Genuß der „Choucroute alsacienne" der besseren Verdauung wegen gerne trinkt.

Die Küche des Elsaß hebt sich deutlich von der anderer französischer Regionen ab. Man merkt dies auch an einer weiteren Spezialität: Zuerst stört man sich vielleicht am Geruch, dann aber, sobald man ihn auf der Zunge hat, beginnt man den Munsterkäse zu genießen. Der echte „Munster fermier" wird aus der unbehandelten Milch der Vogesenkühe gemacht. Rund 200 kleine Betriebe gibt es in den Vogesen noch, die den Käse nach alter Tradition herstellen. Echten „Munster fermier" erkennt man am A.O.C.-Zeichen (Appéllation d'Origine Controlée), einer amtlich kontrollierten Herkunftsbezeichnung.

Berühmt ist das Elsaß für seine gemütlichen „Winstuben". Dort gibt es nicht nur den Elsässer Wein, sondern auch typische regionale Spezialitäten wie Zwiebel- und Flammenkuchen, Quiche Lorraine, Preßkopf mit Vinaigrette, Wurstsalat mit Emmentaler Käse, Saumagen und natürlich Munsterkäse.

Das alles klingt sehr deftig, und doch geraten Feinschmecker ins Schwärmen, wenn sie von der Elsässer Küche sprechen. Die herzhaften Produkte werden dort so liebevoll und auf´s Feinste zubereitet wie nirgendwo sonst. Ein Beweis dafür sind nicht zuletzt die vielen berühmten Spitzenköche und Spitzenköchinnen des Elsaß.

Flammenkuchen

Für 4–6 Personen

400 g fertiger Brotteig

Mehl zum Ausrollen, Butter für das Blech

150 g Speisequark (20% Fett i. Tr.)

100 g Crème fraîche, 1 Ei, 2 EL Speisestärke (z. B. Mondamin)

Salz, frisch gemahlener Pfeffer

frisch geriebene Muskatnuß

2 Zwiebeln

300 g durchwachsener Speck in Scheiben

1 EL Keimöl, ½ TL Weinessig

1. Den Brotteig möglichst dünn ausrollen und auf ein gefettetes Backblech legen. Zugedeckt noch einmal etwa 30 Minuten gehen lassen. Quark, Crème fraîche, das Ei und die Speisestärke zu einer glatten Creme verrühren und würzen.

2. Zwiebeln schälen und in feine Ringe, die Speckscheiben in Streifen schneiden. Speck im erhitzten Öl auslassen und herausnehmen. Zwiebeln im Bratfett glasig dünsten, mit Essig beträufeln und 30 Minuten ziehen lassen. Backofen auf 250° C vorheizen.

3. Den Brotteig mit der Quarkmasse bestreichen, mit den Zwiebeln und den Speckstreifen belegen und im Backofen auf der mittleren Schiene 5 bis 7 Minuten backen. Den Flammenkuchen sofort servieren.

Alfons Schuhbeck

Man kann den Flammenkuchen auch mit selbstgemachtem Hefeteig backen, aber ein mit Sauerteig zubereiteter Brotteig schmeckt aromatischer. Vergessen Sie nicht, den Brotteig rechtzeitig beim Bäcker vorzubestellen.

Hasenpfeffer mit Maronen und Quittenchutney

Für 4 Personen

Für das Quittenchutney:

1 kg Quitten, 2 Zwiebeln

2 rote Peperoni, ¼ l Rotweinessig

250 g brauner Zucker, 1 EL Salz

1 gestr. TL Kurkuma (Gelbwurz)

½ TL gemahlener Piment

50 g frische Ingwerwurzel

1 EL Honig, 100 g Rosinen

4 cl Quittengeist

Für den Hasenpfeffer:

1 Wildhase (ca. 1,5 kg), Salz

frisch gemahlener Pfeffer, 2 Lorbeerblätter

je 5 Piment-, Wacholder- und Pfefferkörner

1 Zwiebel, 6 EL Armagnac, 5 EL Keimöl

1 mittelgroße Möhre, 80 g Sellerieknolle

150 g durchwachsener Speck

20 geschälte Maronen (Eßkastanien)

40 g Butter

2 Knoblauchzehen

1 gestr. TL Zucker, 2 Bohnenkrautzweige

1 Flasche Rotwein (0,75 l)

200 g möglichst kleine Champignons

2 EL gehackte Petersilie

1. Quitten waschen, schälen, vierteln und das Kerngehäuse entfernen. Früchte in kleine Stücke schneiden. Zwiebeln schälen und in feine Streifen schneiden. Peperoni halbieren und entkernen.

2. Essig, Zucker, Gewürze, den in Scheiben geschnittenen Ingwer, Honig und Rosinen mit den Quitten, Zwiebeln und Peperoni in einen Topf geben und 20 Minuten ziehen lassen. Dann bei schwacher Hitze erst 20 Minuten zugedeckt, dann weitere 5 bis 10 Minuten offen köcheln lassen. Den Quittengeist unterrühren und alles noch einmal aufkochen lassen. In Einmachgläser füllen und fest verschließen.

3. Für den Hasenpfeffer den Hasen in etwa zehn Stücke zerteilen. Mit Salz, Pfeffer und den übrigen, zerdrückten Gewürzen einreiben. Die Zwiebel schälen, fein würfeln und mit 2 EL Armagnac und 3 EL Öl zum Fleisch geben und alles vermischen. Das Hasenfleisch 2 bis 3 Stunden marinieren.

4. Backofen auf 160° C vorheizen. Möhre und Sellerieknolle schälen und in Würfel, den Speck in feine Streifen schneiden. Die Speckstreifen in 20 g Butter bei schwacher Hitze bräunen lassen und herausnehmen. Restliche Butter in das Bratfett geben und die marinierten Fleischstücke bei mittlerer Hitze darin anbraten. Maronen, Gemüsewürfel, die ungeschälten Knoblauchzehen, Zucker und Bohnenkraut zufügen und mit anbraten. Mit dem restlichen Armagnac ablöschen. Den Rotwein angießen und aufkochen lassen. Den Hasenpfeffer zugedeckt im heißen Backofen etwa 2 Stunden schmoren.

5. Die Champignons putzen und im restlichen heißen Öl scharf anbraten. Kurz vor dem Servieren unter den Hasenpfeffer mischen. Hasenpfeffer mit Petersilie bestreuen. Quittenchutney dazu reichen.

Alfons Schuhbeck

Wir kaufen zwar ganz selbstverständlich exotische Früchte aus aller Welt, aber einheimische Früchte wie Quitten sind für viele die echten Exoten, die man kaum kennt. Dabei kann man aus den ab Oktober reif werdenden Früchten nicht nur herrliche Konfitüren oder Kuchen zubereiten, sie schmecken auch als würziges Chutney. Überraschen Sie Ihre Gäste doch mit einem exotischen Chutney aus dem eigenen Garten.

Munsterkäseterrine im Auberginenmantel

Für 4 Personen

1 kleine Aubergine, Salz

frisch gemahlener Pfeffer

4 EL Olivenöl (extra virgen)

1 Knoblauchzehe

150 g vollreifer, zimmerwarmer Munsterkäse

300 g zimmerwarmer Quark (20% Fett i.Tr.)

1 ½ Blatt weiße Gelatine

3 EL Sahne, 1–2 TL Zitronensaft

Salz, gemahlener Kümmel, Cayennepfeffer

1. Die Aubergine waschen und längs in dünne Scheiben schneiden. Salzen, kurz ziehen lassen und anschließend mit Küchenpapier trockentupfen. Die Scheiben pfeffern. Öl in einer Pfanne erhitzen, die ungeschälte Knoblauchzehe zufügen und die Scheiben auf beiden Seiten goldbraun braten. Auf Küchenpapier abtropfen lassen. Eine mit Frischhaltefolie ausgelegte, schmale Terrinenform mit den Auberginenscheiben so auslegen, daß sie leicht überlappen und auf jeder Seite etwa zu einem Drittel über den Rand hängen.

2. Den Käse mit einer Gabel fein zerdrücken und mit dem Quark glattrühren. Die eingeweichte, ausgedrückte Gelatine in der erhitzten Sahne auflösen und vorsichtig unter die Käsecreme rühren. Creme mit Zitronensaft und Gewürzen abschmecken und in die Terrinenform füllen. Die Oberfläche glattstreichen und mit den Auberginenscheiben bedecken.

3. Käseterrine im Kühlschrank in 3 bis 4 Stunden erstarren lassen. Terrine stürzen, mit einem angefeuchteten Messer in Scheiben schneiden und beispielsweise auf marinierten Tomatenwürfeln oder auf geschmorten Paprikarauten anrichten.

Kartoffelpfanne mit Munsterkäse

Für 4 Personen

600 g mehligkochende Kartoffeln

2 EL Keimöl, 20 g Butter

Salz, frisch gemahlener Pfeffer

1 EL frische, gehackte Majoranblätter

1 TL Kümmel

300 g vollreifer Munsterkäse

1. Die Kartoffeln waschen und gar kochen. Gut abdampfen lassen und schälen. Kartoffeln etwas abgekühlt in Würfel schneiden. Backofen auf 250°C vorheizen oder den Backofengrill einschalten.

2. Eine Eisen- oder Edelstahlpfanne ohne Fett erhitzen. Öl und Butter zugeben und die Kartoffelwürfel darin goldbraun anbraten. Mit Salz, Pfeffer, Majoran und Kümmel würzen.

3. Den Käse in Würfel schneiden und möglichst gleichmäßig auf den gebratenen Kartoffeln verteilen. Unter dem Grill oder im Backofen etwa 8 bis 10 Minuten überbacken.

Alfons Schuhbeck

Wenn Ihnen das würzige Aroma des Munsterkäses zu intensiv ist, schaben sie die rote Rinde mit einem Messer ab, bevor Sie die beiden Gerichte zubereiten!

Die rote Flora auf der Rinde und der typische Geschmack des Munsterkäses bilden sich in erster Linie im Reifekeller. Dort wird der Käse mit reiner Salzlösung oder mit Mischungen aus Salz, Wein oder Schnäpsen so lange abgewaschen oder gebürstet, bis er das typische Aroma und die appetitliche Farbe hat. Hochwertige Rotschmierkäse haben eine leicht feuchte Oberfläche und eine gleichmäßige, rötlichbraune Färbung.

Baeckeoffa

Der traditionelle Eintopf aus dem Elsaß war früher eine echtes Waschtagsessen. Am Montagmorgen schichtete die Hausfrau Fleisch, Gemüse und Kartoffeln in einen irdenen Topf, goß noch etwas vom meist selbstgemachten Wein darüber und brachte den Topf zum Bäcker. Nachdem seine Brote gebacken waren, verschloß der Bäcker die vorbereiteten Töpfe der Hausfrauen mit dem restlichen Brotteig und stellte sie gegen Mittag in den Backofen. In der gespeicherten Restwärme garte der Eintopf und mußte abends, nach dem die Wäsche fertig war, nur noch abgeholt werden.

Für 4 Personen

Je 400 g Rinderbrust, Kalbsschulter und Schweinenacken

3 Zwiebeln

1 feingehackte Knoblauchzehe

2 Thymianzweige

1 TL schwarzer Pfefferkörner

1 TL Pimentkörner

2 kleine Lorbeerblätter

Salz

1 Flasche Elsässer Riesling (0,75 l)

1,2 kg festkochende Kartoffeln

2 große Möhren

2 dicke Lauchstangen

½ Bund glatte Petersilie

1. Fleisch waschen, trockentupfen und in 3 bis 4 cm große Würfel schneiden. Die Zwiebeln schälen, in Würfel schneiden und mit Fleisch, Knoblauch, Thymian, Pfeffer- und Pimentkörnern sowie den Lorbeerblättern in eine Schüssel geben. Salzen, mit Wein übergießen und zugedeckt 12 Stunden im Kühlschrank marinieren.

2. Kartoffeln und Möhren schälen. Lauch putzen. Kartoffeln in größere Würfel, Möhren und Lauch in 3–4 cm dicke Stücke schneiden.

3. Den Backofen auf 150° C vorheizen. Das marinierte Fleisch abwechselnd mit dem Gemüse in eine feuerfeste Keramikform oder einen Bratentopf schichten, mit der Marinade begießen, den Deckel daraufsetzen und mit Alufolie fest umhüllen. Eintopf im Backofen etwa 4 Stunden garen.

4. Petersilienblättchen abzupfen und fein hacken, den Eintopf damit bestreuen und servieren.

Alfons Schuhbeck

Auch wenn es den Waschtag heute so nicht mehr gibt, ist ein Eintopf, der sich fast von selber kocht, immer noch up-to-date.

Der Baeckeoffa ist vor allem auch ein ideales Essen für Gäste. Morgens vorbereiten, dann die Küche aufräumen und am Nachmittag den Eintopf in den Ofen stellen. Den Tisch decken und mit Freunden den herzhaft-köstlichen Eintopf genießen. Dazu ein frisches Bauernbrot und einen Elsässer Riesling: Einem Genießer kann man keine größere Freude bereiten.

Fasanenbrüste auf Apfelkraut

Für 4 Personen

3 EL Zwiebelwürfel, 4 EL Keimöl

50 g Speckschwarte, 700 g Sauerkraut

150 ml Cidre, 1 Lorbeerblatt

2 Wacholderbeeren, 20 Pfefferkörner

1 mehligkochende Kartoffel, 2 kleine Äpfel

1 TL Puderzucker, 40 g Butter

2 Fasanenbrüste (mit Knochen)

1 Möhre (kleingeschnitten)

2 Zwiebeln (gehackt), Salz

2 EL Weinbrand, 300 ml Hühnerbrühe

200 g Sahne

frisch gemahlener Pfeffer

1. Zwiebeln in 2 EL Öl glasig dünsten. Speck und Kraut dazugeben und den Cidre angießen. Lorbeerblatt, 1 Wacholderbeere und 5 Pfefferkörner hinzufügen. Kraut zugedeckt 45 Minuten köcheln lassen. Mit der geschälten, geriebenen Kartoffel binden. Die Äpfel schälen, vierteln, entkernen und in Spalten schneiden. Kurz in 1 TL karamelisiertem Puderzucker schwenken. 10 g Butter unterrühren und die Apfelspalten unter das Kraut mischen.

2. Fasanenbrüste auslösen, die Knochen in kleine Stücke hacken. Mit Möhren und Zwiebeln anbraten. Salzen, mit Weinbrand ablöschen und die Hühnerbrühe angießen. Sahne und restliche Gewürze zufügen. Sauce 40 Minuten köcheln lassen, durch ein Sieb gießen und mit dem Stabmixer aufschlagen.

3. Fleisch salzen und pfeffern. In der restlichen Butter bei mittlerer Hitze unter Wenden braten. Auf dem Apfelkraut und der Sauce anrichten.

Hähnchen in Elsässer Riesling

Für 4 Personen

1 großes Hähnchen (1,5 kg)

Salz, frisch gemahlener Pfeffer

100 g durchwachsener Räucherspeck

12 Schalotten, 60 g Butter

2 Knoblauchzehen

2 Thymianzweige, 1 Lorbeerblatt

4 cl Cognac, ½ l Elsässer Riesling

½ l Hühnerbrühe

150 g kleine Champignons

Außerdem:

4 Weißbrotscheiben, 40 g Butter

1. Das Hähnchen waschen, trockentupfen und in acht Stücke schneiden. Salzen und pfeffern. Speck in kleine Würfel schneiden, die Schalotten schälen. Die Speckwürfel in einem Bräter in 20 g Butter knusprig braten und herausnehmen. Die Schalotten im Bratfett goldgelb braten und herausnehmen.

2. Backofen auf 150° C vorheizen. 20 g Butter, die ungeschälten Knoblauchzehen, das Lorbeerblatt und die Thymianzweige in das Bratfett geben. Die Hähnchenteile darin anbraten. Mit Cognac ablöschen, Wein und Hühnerbrühe angießen, aufkochen lassen und alles zugedeckt im Backofen etwa 1 Stunde schmoren.

3. Champignons putzen, vierteln und in der restlichen Butter anbraten. Mit Speck und Schalotten unter das Geflügelgericht mischen. Die Weißbrotscheiben diagonal halbieren, in der erhitzten Butter goldgelb und knusprig braten und zum Riesling-Hähnchen servieren.

Kirschtartelettes

Für 4 Personen

3 Zimtstangen

1 Msp Vanillemark

125 g Sahne

250 g Blätterteig (tiefgekühlt)

Mehl zum Ausrollen

30 g Marzipan, 1 Eigelb, 1 EL Rum

20 g geschälte, gehackte Mandeln

300 g dunkle Herzkirschen

3 EL Kirschgelee, 1 EL Kirschwasser

1 EL Zucker

1. Die Zimtstangen in einer Pfanne ohne Fett bei schwacher Hitze kurz anrösten. Mit dem Vanillemark in die leicht erwärmte Sahne geben und mindestens 12 Stunden im Kühlschrank ziehen lassen.

2. Den Backofen auf 180° C vorheizen. Den Blätterteig auf der bemehlten Arbeitsfläche ausrollen und mit einem Ausstecher runde Plätzchen à 12 cm Durchmesser ausstechen. Auf ein mit Backpapier ausgelegtes Blech legen.

3. Marzipan mit Eigelb, Rum und Mandeln verrühren und auf die Plätzchen streichen. Dabei rundherum einen schmalen Rand lassen.

4. Die Kirschen halbieren, entsteinen und die Plätzchen damit belegen, dabei wieder einen schmalen Rand lassen. Plätzchen im Backofen auf der unteren Schiene 12 bis 15 Minuten backen.

5. Kirschgelee mit Kirschwasser erhitzen und die heißen Tartelettes damit bestreichen. Die Zimtsahne durch ein Sieb gießen, mit dem Zucker halbsteif schlagen und dazu servieren.

Gewürztraminercreme

Für 4 Personen

200 ml Gewürztraminer

50 g Zucker

2 Blatt Gelatine

50 ml Sekt

2 EL Zitronensaft

150 g Sahne

500 g rote und weiße Weintrauben

2 EL Puderzucker

je 2 cl Tresterschnaps und Orangenlikör

40 g grob gehackte Walnüsse

einige Zitronenmelissezweige

1. Gewürztraminer mit dem Zucker erhitzen. Sobald sich der Zucker aufgelöst hat, die eingeweichte, gut ausgedrückte Gelatine im Wein auflösen. Den Sekt und 1 EL Zitronensaft unterrühren. Die Masse über einer Schüssel mit Eiswasser so lange mit einem Schneebesen schlagen, bis sie abgekühlt ist und zu gelieren beginnt.

2. Die Sahne steif schlagen und unter die Weincreme heben. Creme in Portionsschalen füllen und im Kühlschrank in 1 bis 2 Stunden erstarren lassen.

3. Die Trauben halbieren, entkernen, mit Puderzucker bestäuben und mit dem restlichen Zitronensaft beträufeln. Tresterschnaps, Orangenlikör und die Walnüsse hinzufügen. Trauben 1 Stunde zugedeckt im Kühlschrank marinieren.

4. Die Schälchen kurz in heißes Wasser tauchen und auf flache, gut gekühlte Teller stürzen. Mit dem Traubensalat und Zitronenmelisse garniert servieren.

Weingugelhupf

Für 1 Gugelhupfform

250 g weiche Butter, 180 g Zucker, 5 Eier

100 g gemahlene Haselnüsse

200 g Mehl, 1 TL Backpulver

100 g Schokoraspel, 20 g kandierter Ingwer

1 Apfel

150 ml Elsässer Riesling (halbtrocken)

abgeriebene Schale von ½ Zitrone (unbehandelt)

Butter und Paniermehl für die Form

Puderzucker zum Bestäuben

1. Butter und Zucker mit den Schneebesen des Handrührgerätes cremig rühren. Nach und nach unter ständigem Rühren die Eier dazugeben.

2. Den Backofen auf 175° C vorheizen. Die Haselnüsse in einer Pfanne ohne Fett rösten und abkühlen lassen. Mit Mehl, Backpulver, Schokoraspel und dem feingehackten Ingwer mischen.

3. Den Apfel schälen, entkernen, fein reiben und mit dem Wein vermischen. Abwechselnd mit der Mehlmischung unter die Eiermasse rühren.

4. Den Teig in eine gebutterte und mit Paniermehl ausgestreute Gugelhupfform füllen. Die Oberfläche glattstreichen und den Kuchen auf der mittleren Schiene im Backofen 50 bis 60 Minuten backen.

5. Den leicht abgekühlten Gugelhupf stürzen und noch warm mit Puderzucker bestäuben.

Alfons Schuhbeck

Nehmen Sie am besten einen halbtrockenen Riesling, er verleiht dem Kuchen mehr Aroma.

Achten Sie beim Rührteig darauf, daß Butter und Eier zimmerwarm sind: beides sollten Sie rechtzeitig aus dem Kühlschrank nehmen.

Gratiniertes Aprikosenmus

Für 4 Personen

Für das Aprikosenmus:

1 kg vollreife Aprikosen

¼ l trockener Weißwein, z.B. Pinot Blanc

120 g Zucker, 1–2 EL Zitronensaft

4 cl Aprikosengeist

Für die Kruste:

4 Eigelbe, 180 g Zucker

75 g geröstete Mandelblättchen

4 Eiweiße

1. Die Aprikosen waschen, halbieren und entkernen. Mit Weißwein, Zucker und Zitronensaft aufkochen. So lange köcheln lassen, bis die Früchte weich sind. Aprikosengeist unterrühren und alles einmal aufkochen lassen.

2. Aprikosen durch die Flotte Lotte oder ein Sieb streichen. Das Mus in eine flache, feuerfeste Form geben und kalt stellen. Den Backofengrill einschalten.

3. Für die Kruste Eigelb mit 60 g Zucker schaumig schlagen. Die Mandelblättchen leicht zerbröseln und unter das Eigelb mischen. Eiweiß mit dem restlichen Zucker sehr steif schlagen und unter die Eigelbmasse heben.

4. Eierschaum auf dem Aprikosenmus verteilen und unter dem Backofengrill in wenigen Minuten goldbraun überbacken.

Alfons Schuhbeck

Das Besondere an diesem fruchtigen Dessert ist die Kombination von kaltem Fruchtmus und heißer Kruste.

Anstelle der Aprikosen können Sie auch gut gekühltes Kirschkompott oder Apfelmus auf diese Weise gratinieren.

Holland

Holländer lieben Käse und Fisch – einfach, aber schmackhaft zubereitet und in nicht zu kleinen Portionen.

Holland ist nur ein kleiner Teil der Niederlande. Es umfaßt die Gebiete der beiden Provinzen Noord- und Zuidholland. Es ist jedoch die Keimzelle des Landes. Von hier aus entwickelte sich das Königreich der Niederlande, und auch heute noch ist es der politische, wirtschaftliche und kulturelle Mittelpunkt des Landes.

Noordholland ist geprägt vom Wasser. Nicht nur, daß die Halbinsel von der Nordsee und dem Ijsselmeer umspült wird, auch ein Viertel der Fläche Noordhollands besteht aus Wasser. Die kleine Provinz ist netzartig von kleinen und großen Kanälen durchzogen. So ist es naheliegend, daß in dieser Region der Fischfang eine große Rolle spielt. Ein wirtschaftlich wichtiger Exportartikel sind Miesmuscheln. Nach Spanien ist Holland der wichtigste Muschelproduzent der Welt. Eigenartigerweise essen die Niederländer selbst kaum Muscheln. Man schätzt dort Heringe viel mehr, am liebsten jungfräulich, also bevor sie ihre Geschlechtsreife erreichen. Diese zarten, fettreichen Fische heißen Matjes und schmecken von Ende Mai bis Mitte Juli am besten. Man ißt sie frisch aus der Hand.

Die Region Zuidholland hat sich der Milchwirtschaft verschrieben. Hier gibt es hochwertiges und mineralstoffreiches Weideland, auf dem heute 1,7 Millionen Kühe weiden, die eine immense Menge an Milch produzieren. Deshalb begann man sehr früh, die Milch in Form von Käse haltbar zu machen. Im Laufe der Generationen entwickelte sich daher die holländische Kaaskunst. Das Zentrum von Zuidholland, auch das Herz Hollands genannt, ist die Stadt Gouda. Hier begann der goldgelbe Gouda seinen Siegeszug rund um die Welt. Aber Gouda bietet auch historische Sehenswürdigkeiten und ist durchaus eine Reise wert.

Die Küche der Holländer ist einfach, gut, und die Portionen sind reichlich. Beliebt sind Fischgerichte und Eintöpfe aller Art. Das wichtigste für die Holländer ist jedoch die „Koffietafel", die nicht mit unserer Kaffeetafel zu vergleichen ist. Sie ist vielmehr eine Art Gabelfrühstück oder Brunch. Neben verschiedenen Brotsorten, Platten mit kaltem Braten, Schinken, Wurst- und Käsesorten, Butter und Konfitüren findet man auf Koffietafeln auch Ragouts oder Aufläufe, Eiergerichte und frische Salate.

Schon früher bogen sich die Tische buchstäblich unter der Last der kulinarischen Köstlichkeiten bei einer Koffietafel, das beweisen zahlreiche Gemälde von Pieter Brueghel dem Älteren (1525–1569).

Matjesröllchen

Für 4 Personen

1 Sellerieknolle (ca. 500 g)

½ l Gemüsebrühe, 2 EL Zitronensaft

1 kleine rote Zwiebel

1 kleiner rotschaliger Apfel

2 EL Mayonnaise, 1 EL Crème fraîche

2 EL gehackte Pistazien, Salz, weißer Pfeffer

80 g geriebener alter Gouda

2–3 EL Weißbrotbrösel, 1 Msp Koriander, 1 Ei

1 EL geschlagene Sahne, 2 EL Mehl, 50 g Butter

2 Matjesfilets à etwa 80 g (küchenfertig)

4 TL Keta- oder Forellenkaviar

½ Bund Schnittlauch

1. Sellerie schälen, in vier etwa 1 cm dicke Scheiben schneiden und daraus Kreise à 7 cm Durchmesser ausstechen. Sellerie in Brühe und Zitronensaft in 15 bis 20 Minuten bißfest kochen. Abkühlen lassen.

2. Sellerieabschnitte fein hacken, die geschälte Zwiebel und den gewaschenen Apfel in kleine Würfel schneiden. Mayonnaise und Crème fraîche verrühren, Sellerie, Pistazien, Zwiebel- und Apfelwürfel untermischen und den Salat würzen.

3. Gouda mit Brösel und Koriander vermischen. Das Ei verquirlen und die Sahne unterziehen. Die Selleriescheiben erst in Mehl, dann in Ei und zum Schluß in den Bröseln wenden. In der zerlassenen Butter goldbraun braten.

4. Matjesfilets längs halbieren und aufrollen. Je ein Matjesröllchen auf eine Selleriescheibe setzen und mit Selleriesalat, Kaviar und Schnittlauch garnieren.

Matjestatar auf Rote-Bete-Salat

Für 4 Personen

Für den Rote-Bete-Salat:

4 gekochte rote Beten

3 EL Rotweinessig, 6 EL Gemüsebrühe

4 EL Keimöl, Salz, frisch gemahlener Pfeffer

Für das Tatar:

250 g Matjesfilets (küchenfertig)

200 g Salatgurke, 1 kleiner Apfel

3 Frühlingszwiebeln

1 EL Zitronensaft, 2 EL Basilico-Öl

Salz, Pfeffer, frisch gemahlener Piment

Für den Bohnensalat:

Salz, 3 EL Rotweinessig, 4 EL Gemüsebrühe

2 EL Keimöl, 2 EL Basilico-Öl

frisch gemahlener Pfeffer

1 TL frisches, feingehacktes Bohnenkraut

400 g bißfest gegarte, grüne Bohnen

1. Rote Beten schälen, in dünne Scheiben schneiden und auf vier Tellern anrichten. Die restlichen Zutaten zu einer Vinaigrette verrühren und darüberträufeln.

2. Matjesfilets, geschälte Salatgurke, geschälten Apfel und die Frühlingszwiebeln in kleine Würfel schneiden. Mit Zitronensaft und Basilico-Öl vermischen und mit Salz, Pfeffer und Piment würzen. Einen Metallring mit 7 cm Durchmesser auf die Mitte der Rote-Bete-Scheiben setzen, das Tatar einfüllen, festdrücken und den Ring wieder abziehen.

3. Übrige Zutaten zu einer Marinade verrühren und die Bohnen damit vermischen. Bohnen rund um das Tatar anrichten. Dazu passen knusprig gebratene Bratkartoffeln.

Matjes „Den Helder“ (Foto rechts)

Für 4 Personen

8 Matjesfilets (küchenfertig)

2 hartgekochte Eier, 1 reife, feste Birne

2 Selleriestangen

100 g Schnittkäse mit Gartenkräutern

100 g Nordseekrabben

150 g Mayonnaise, 1 TL Dijonsenf

etwas frischer, geriebener Ingwer

Salz, frisch gemahlener Pfeffer, 1 Prise Zucker

1 EL Zitronensaft, einige Baguettescheiben

2–3 Dillzweige

1. Matjesfilets in kleine Würfel schneiden. Die Eier schälen und ebenfalls in kleine Würfel schneiden. Birne schälen, halbieren und entkernen. Selleriestangen putzen. Birne, Sellerie und den Käse in kleine Würfel schneiden. Alles in eine Schüssel geben und mit den Krabben vermischen.

2. Mayonnaise mit dem Senf verrühren und mit Ingwer, Salz, Pfeffer, Zucker und Zitronensaft würzen. Dressing mit dem Matjessalat mischen. Baguettescheiben rösten und mit dem Matjessalat bestreichen. Mit Dill garniert servieren.

Alfons Schuhbeck

Holländische Matjes sind besonders mild und zart, weil sie nur leicht gesalzen und nicht wie die deutschen Matjes in Salzlake eingelegt werden. Im Handel erkennt man diese milden Matjes unter der Bezeichnung „LS-Matjes“. Das bedeutet, daß sie nicht gewässert werden müssen.

Schweineroulade mit Käse-Spinat-Füllung

Für 4 Personen

Für die Roulade:

2 Schweinefilets à 300 g, etwas Keimöl

Salz, frisch gemahlener Pfeffer, 250 g Kalbsbrät

200 g blanchierter, abgetropfter Spinat

250 g Gouda mit exotischen Gewürzen, in dünnen Scheiben

300 g Blätterteig (tiefgekühlt), etwas Mehl

5 EL Sahne, 1 Eigelb

Für den Curry-Gemüse-Reis:

2 Schalotten, 2 EL Keimöl

1 Lorbeerblatt, 2 TL Madras-Curry

200 g Langkornreis, 100 ml Weißwein

300 ml Gemüsebrühe

je 1 rote und 1 grüne Paprikaschote

Für die Lauchsauce:

1 kleine Lauchstange, 150 g Tomaten

100 g kleine Champignons, 50 g Butter, Salz

2 EL frische, gehackte Petersilie

1. Schweinefilets der Länge nach einschneiden, auseinanderklappen und zwischen zwei leicht geölten Lagen Frischhaltefolie etwa 3 mm dick flach klopfen. Mit Salz und Pfeffer würzen. Backofen auf 200° C vorheizen.

2. Das Kalbsbrät mit Salz und Pfeffer würzen und zwei Drittel davon auf die Fleischscheiben streichen. Mit Spinat und Käsescheiben belegen und von der Längsseite her fest aufrollen.

3. Den Blätterteig auftauen lassen und auf der bemehlten Arbeitsfläche zu zwei Rechtecken ausrollen, die der Größe der Filets entsprechen. Mit dem restlichen Brät bestreichen und die Filetrollen darauf legen. Mit Blätterteig umhüllen und die Ränder festdrücken. Roulade mit den Schnittflächen nach unten auf ein gefettetes Backblech legen. Sahne und Eigelb verquirlen und den Teig damit bestreichen. Im Backofen auf der mittleren Schiene in etwa 20 Minuten goldbraun backen.

4. Für den Reis die Schalotten schälen, in kleine Würfel schneiden und in erhitztem Keimöl glasig dünsten. Lorbeerblatt und Curry dazugeben und kurz anrösten. Den Reis hinzufügen und mit andünsten. Wein angießen, etwas einkochen lassen, dann die Brühe angießen, salzen und einmal aufkochen lassen. Reis zugedeckt bei schwacher Hitze in 15 bis 20 Minuten ausquellen lassen.

5. Für die Sauce den Lauch putzen, waschen und in feine Streifen schneiden. Tomaten kurz überbrühen, häuten, halbieren, entkernen und in kleine Würfel schneiden. Champignons putzen. Butter zerlassen und zuerst die Lauchstreifen darin andünsten. Die Pilze dazugeben, salzen und kurz mit anbraten. Tomatenwürfel und Petersilie unterrühren.

6. Die Paprikaschoten waschen, halbieren, die Stielansätze und die Trennwände entfernen. Die Hälften fein würfeln und unter den Reis mischen.

7. Die Roulade aus dem Backofen nehmen und kurz ruhen lassen. In dickere Scheiben schneiden und mit dem Gemüsereis und der Sauce auf vorgewärmten Tellern anrichten.

Alfons Schuhbeck

Diese Roulade ist ideal, um Gäste zu verwöhnen. Alles kann prima vorbereitet werden – auch die Sauce und der Reis. Beim Eintreffen der Gäste schieben Sie die Blätterteigrolle in den heißen Backofen. Nachdem der Aperitif getrunken und die Vorspeise gegessen ist, können Sie ohne Streß das Hauptgericht servieren. Reis und Sauce müssen nur kurz erwärmt werden.

Trauben-Käse-Terrine mit Birnenschaum

Für 4 Personen

Für die Terrine:

je 250 g blaue und grüne Weintrauben

¾ l Traubensaft, 10 Blatt weiße Gelatine

Salz, frisch gemahlener Pfeffer

1 Msp frisch geriebene Muskatnuß, Piment

1 EL Zitronensaft

je 200 g Gouda mit Walnüssen und mittelalter Gouda in 0,5 cm dicken Scheiben

Für den Birnenschaum:

½ weiche Birne, ¼ l Buttermilch

1–2 EL Zitronensaft, Salz, Cayennepfeffer

1 TL Honig

1. Trauben waschen, halbieren und entkernen. Eine Terrinenform (1,5 l Inhalt) mit Frischhaltefolie auslegen.

2. Ein Drittel des Traubensaftes erhitzen und die eingeweichten, gut ausgedrückten Gelatineblätter darin auflösen. Mit dem restlichen Traubensaft vermischen und mit Salz, Pfeffer, Muskat, Piment und Zitronensaft würzen und abkühlen lassen.

3. Etwas Geleeflüssigkeit in die Terrinenform gießen und im Kühlschrank erstarren lassen. Eine Schicht Traubenhälften darauf legen und wieder mit Geleeflüssigkeit begießen, erneut erstarren lassen. Mit Käsescheiben bedecken und mit Traubengelee begießen. So fortfahren, bis alle Zutaten aufgebraucht sind. Terrine im Kühlschrank mehrere Stunden fest werden lassen.

4. Für den Birnenschaum die geschälte, entkernte Birne und die übrigen Zutaten mit dem Stabmixer pürieren und gut gekühlt zu der in Scheiben geschnittenen Trauben-Käse-Terrine reichen.

Grüne Erbsensuppe mit geräuchertem Aal

Für 4 Personen

300 g Räucheraal, ¾ l Gemüsebrühe

2 Schalotten, 30 g Butter

300 g ausgepalte, junge Erbsen

Salz, 1 Prise Zucker, frisch gemahlener Pfeffer

150 g Crème fraîche

ein Stückchen frische Meerrettichwurzel

1 EL frische, gehackte Petersilie

1. Aal häuten und die Gräten entfernen. Die Gemüsebrühe aufkochen und von der Kochplatte nehmen. Die Aalhaut in die Brühe geben und 15 Minuten ziehen lassen.

2. Schalotten schälen, in kleine Würfel schneiden und in der zerlassenen Butter glasig dünsten. Erbsen zufügen, mit Salz, Zucker und Pfeffer würzen und kurz durchrühren. Die Brühe angießen und etwa 15 Minuten köcheln lassen.

3. Die Suppe mit dem Stabmixer fein pürieren, durch ein Sieb streichen und die Crème fraîche unterrühren. Suppe nicht mehr kochen lassen.

4. Das Aalfleisch in kleine Stücke teilen und auf vier vorgewärmte Suppenteller geben. Die Erbsensuppe noch einmal kurz mit dem Stabmixer schaumig aufschlagen und darübergießen. Etwas Meerrettich darüberraspeln und die Suppe mit Petersilie bestreuen.

Alfons Schuhbeck

Einen Stabmixer sollte es selbst im kleinsten Haushalt geben. Er ist nicht nur praktisch zum Pürieren oder Zerkleinern, sondern vor allem ideal zum Aufschäumen von Suppen und Saucen.

Jede sämige Suppe oder Sauce bekommt so eine wohltuende Leichtigkeit und sieht appetitlicher aus.

Milchreistorte mit Stachelbeeren

Milchreis als Kuchenbelag ist für uns vielleicht etwas ungewöhnlich, aber nicht in Holland. Dort liebt man diese Art von Kuchen und Gebäck, die wirklich köstlich schmecken, vor allem weil diese Reiskuchen sehr saftig sind.

Für 4 Personen

Für den Teig:

150 g Mehl, 50 g Puderzucker

80 g kalte Butter, 1 Eigelb

1 Prise Salz, 1 Msp Vanillemark

abgeriebene Schale von ½ Zitrone (unbehandelt)

Mehl zum Ausrollen, Fett für die Form

Hülsenfrüchte zum Blindbacken

Für die Füllung:

¼ l Milch, 40 g Zucker

Mark von ½ Vanilleschote

1 Prise Salz

65 g Milchreis

2 Blatt Gelatine

100 g Sahne

Für den Belag:

500 g reife Stachelbeeren

2–3 EL Zucker

50 g Kuchenbrösel

Für die Glasur:

120 g Aprikosenkonfitüre

1 EL Rum

1 EL Zitronensaft

1. Mehl, Puderzucker, Butterflöckchen, Eigelb, Salz und Gewürze rasch zu einem glatten Mürbeteig verkneten. Mit Folie umhüllen und 1 Stunde im Kühlschrank ruhen lassen.

2. Den Backofen auf 180° C vorheizen. Den Teig auf der bemehlten Arbeitsfläche ausrollen und eine gefettete und bemehlte Tarteform damit auskleiden. Mit einer Gabel mehrmals einstechen, mit Pergamentpapier belegen und die getrockneten Hülsenfrüchte darauf verteilen. Im Backofen in 15 bis 20 Minuten goldbraun backen.

3. Für die Füllung die Milch mit der Hälfte des Zuckers, dem Vanillemark und dem Salz aufkochen, den Reis einrühren und zugedeckt bei schwacher Hitze 15 bis 20 Minuten ausquellen lassen. Dann die kalt eingeweichte, gut ausgedrückte Gelatine darin auflösen und den Reis abkühlen lassen.

4. Die Sahne steif schlagen und unter den Reisbrei heben. Gleichmäßig auf dem abgekühlten Tarteboden verteilen und die Füllung im Kühlschrank fest werden lassen.

5. Die Stachelbeeren putzen, waschen und halbieren. Mit Zucker bestreuen und kurz ziehen lassen. Die Kuchenbrösel auf die Reisfüllung streuen und die Stachelbeeren darauf anrichten. Die Aprikosenkonfitüre mit Rum und Zitronensaft erhitzen und die Stachelbeeren damit glasieren.

Alfons Schuhbeck

Gut gekühlt schmeckt die Reistorte am besten.

Natürlich kann man die Torte auch mit anderen Früchten belegen. Gut eignen sich frische Himbeeren oder gemischte Waldfrüchte. Mit entsteinten, eventuell in Kirschwasser marinierten Sauerkirschen ist sie ebenfalls ein Genuß.

Piemont

Eine bäuerliche Küche, von den Jahreszeiten geprägt, wird mit den gehaltvollen Rotweinen der Region zum unvergeßlichen Erlebnis.

Die Piemonteser Küche ist zwar eine einfache Bauernküche, wegen der hervorragenden Qualität der verwendeten Zutaten hat sie bei allen Feinschmeckern aber einen ganz besonderen Ruf. Der Kenner besucht das Piemont natürlich am liebsten im Spätherbst und im Winter, in erster Linie der frischen Trüffeln wegen. Weiße Trüffeln aus Alba, frisch über Pasta, Rührei oder Fonduta gehobelt, sind die Reise allemal wert.

Im Piemont kocht man völlig anders als im übrigen Italien, ja sogar anders als in der benachbarten Lombardei. Das liegt mit am Klima. Im Piemont ist es eher kontinental – d.h. die Winter sind kalt und die Sommer heiß. Gerade die kalten Tage haben die Piemonteser Küche geprägt. So liebt man es dort, wenn das Fleisch lange bei sanften Temperaturen, am liebsten in Rotwein, geschmort wird. Kurzgebratenes oder Gegrilltes, wie es anderswo in Italien geschätzt wird, findet man im Piemont eher selten.

Die gehaltvollen Piemonteser Weine waren immer schon eine begehrte Handelsware. Tüchtige Händler brachten die Weine nach Ligurien und nahmen auf dem Rückweg Produkte mit, die es im Bergland nicht gab. Deshalb kocht man dort seit jeher viel und gerne mit Olivenöl, Sardellen und Knoblauch.

Da auf den saftigen Weiden der Alpenregion viele Kühe, Schafe und Ziegen grasen, gibt es natürlich auch schmackhafte, fettreiche Käsesorten. Eine Spezialität aus dem Aostatal ist der Fontinakäse. Ein Muß vor allem im Herbst und Winter ist die „Fonduta", eine Art Käsefondue, das mit frisch gehobelten Trüffeln zu einem besonderen Genuß wird. Dieser Piemonteser Klassiker wird aus Fontinakäse gemacht, den man unter Rühren schmelzen läßt und mit Milch und Eigelb bindet. Zu dem nicht gerade kalorienarmen Gericht ißt man Polenta, Reis oder Brot.

Auch die Pasta bereitet man im Piemont ein wenig anders zu als im übrigen Land. Der Teig wird mit Eiern gemacht und nicht wie im Süden Italiens nur aus Mehl und Wasser. „Agnolotti" heißen die piemontesischen Ravioli und in jeder besseren Trattoria werden sie noch frisch von Hand gemacht. Die kleinen Nudeltäschchen gibt es mit unterschiedlichen Füllungen, je nach Jahreszeit mit Hackfleischfarce, Kürbismus, Ricotta, Fontina und im Winter natürlich auch mit Trüffeln.

Zu all diesen Köstlichkeiten trinkt man die gehaltvollen Rotweine der Region: Barolo, Barbaresco oder Barbera.

Geschmorte Kalbshaxe

Für 4 Personen

3 Zwiebeln, 250 g Knollensellerie

1 große Kalbshaxe

Salz, frisch gemahlener Pfeffer

3 EL Olivenöl (extra virgen)

1 Lorbeerblatt, 2 Thymianzweige

1 Knoblauchzehe

1 EL Tomatenmark, 3–5 EL Marsala

¼ l Barolo, ½ l Hühnerbrühe

150 g Tomatenstücke (aus der Packung)

1. Zwiebeln und Knollensellerie schälen und in kleine Würfel schneiden. Die Kalbshaxe waschen, trockentupfen und mit Salz und Pfeffer einreiben.

2. Den Backofen auf 150° C vorheizen. Das Öl in einem Bratentopf erhitzen und die Haxe darin rundherum anbraten. Herausnehmen, Zwiebel- und Selleriewürfel, das Lorbeerblatt, die Thymianzweige und die ungeschälte Knoblauchzehe dazugeben und mit braten. Tomatenmark unterrühren und kräftig anbraten. Mit Marsala ablöschen und einkochen lassen. Den Rotwein angießen und etwa um ein Drittel einkochen lassen. Die Haxe auf das Gemüse legen und zugedeckt im Backofen 2½ Stunden garen, dabei gelegentlich mit Brühe begießen. Die Tomatenstücke in den Bratenfond rühren und die Haxe weitere 30 Minuten garen.

3. Die Kalbshaxe herausnehmen und kurz ruhen lassen. Den Bratenfond durch ein Sieb passieren und sämig einkochen lassen. Das Fleisch in Scheiben schneiden und auf einer Platte anrichten. Die Sauce getrennt dazu reichen. Dazu paßt Polenta (siehe Rezept auf Seite 56).

Polenta

Für 4 Personen

350 ml Hühnerbrühe

350 ml Milch, Salz

1 Lorbeerblatt

120 g Maisgrieß (Polenta)

frisch geriebene Muskatnuß

1 EL frisch geriebener Parmesan

2–3 EL Basilico-Öl

1. Hühnerbrühe mit Milch, etwas Salz und dem Lorbeerblatt in einem möglichst hohen Topf erhitzen und wenige Minuten köcheln lassen. Dann das Lorbeerblatt herausholen und den Maisgrieß unter Rühren einstreuen.

2. Unter gelegentlichem Rühren, am besten mit einem Holzlöffel, etwa 40 Minuten köcheln lassen. Die Polenta ist fertig, wenn sich der Brei vom Topfboden und den Topfwänden löst. Von der Kochplatte nehmen und den Parmesan unterrühren.

3. Die Polenta in eine Schüssel geben und mit Basilico-Öl beträufeln. Paßt gut zur geschmorten Kalbshaxe (Rezept siehe Seite 55).

Alfons Schuhbeck

Wichtig bei der Polentazubereitung ist, daß man einen möglichst hohen Topf mit einem dicken Sandwichboden verwendet, der die Wärme gut leitet. Hoch deshalb, weil die Polenta spritzt und man zudem in einem hohen Topf besser umrühren kann.

Köstlich schmeckt die Polenta auch, wenn man den fertigen Brei auf ein Blech streicht, abgekühlt in Stücke schneidet und entweder unter dem Grill röstet oder in der Pfanne brät.

Robiola mit frischen Feigen

Für 4 Personen

250 g Robiola (ital. Frischkäse), 3 frische Feigen

Für die Marsalasauce:

1 EL Aceto Balsamico, 2 EL Marsala

1 EL Olivenöl (extra virgen)

grobgemahlener schwarzer Pfeffer, Salz

einige Tropfen dünnflüssiger Honig

1 EL Pinienkerne

1. Den Frischkäse entweder mit einem heiß abgespülten Messer in vier Scheiben schneiden oder mit Hilfe von zwei Eßlöffeln zu vier Nocken formen. Die Feigen mit einem Tuch abreiben und der Länge nach in möglichst dünne Scheiben schneiden. Feigen und Käse auf vier gekühlten Tellern anrichten.

2. Für die Sauce Essig und Marsala verrühren, das Olivenöl unterrühren und mit Pfeffer, Salz und Honig abschmecken. Die Pinienkerne in einer Pfanne ohne Fett rösten.

3. Die Sauce über Käse und Feigen träufeln. Die Pinienkerne darüberstreuen.

Alfons Schuhbeck

Früher wurde Robiola, der piemontesische Frischkäse, ausschließlich aus Ziegen- oder Schafsmilch hergestellt. Heute werden Ziegen- und Schafsmilch häufig mit Kuhmilch gemischt, allerdings darf der Anteil an Kuhmilch 85 Prozent nicht überschreiten.

Der Käse hat ein frisches, säuerliches Aroma und schmeckt gut gekühlt am besten. Neben Feigen harmonieren auch Trauben, Birnen und Walnüsse gut mit Robiola.

Cannelloni mit Gemüse und Pilzen

Für 4 Personen

Für den Nudelteig:

250 g Mehl, 100 g Hartweizengrieß

1 Ei, 4 Eigelbe, 2 EL Olivenöl (extra virgen)

1 Prise Salz, etwas Mehl zum Ausrollen

Für die Füllung:

2 Lauchstangen, 500 g frischer Spinat

1 Zwiebel, 1 Knoblauchzehe

2 Möhren, 400 g Steinpilze

20 g Butter, 400 ml Hühnerbrühe

Salz, frisch gemahlener Pfeffer

frisch geriebene Muskatnuß

2 EL Olivenöl (extra virgen)

1 TL Puderzucker, ⅛ l Weißwein (z.B. Gavi)

1 EL Speisestärke (z.B. Mondamin), 100 g Sahne

Außerdem:

Butter für die Form

8 Scheiben Fontinakäse

1. Die Zutaten für den Teig mit Hilfe einer Küchenmaschine zu einem glatten Nudelteig verkneten. Mit möglichst warmen Händen noch einmal kurz durchkneten, zu einer Kugel formen, mit Öl bestreichen und zugedeckt kurz ruhen lassen.

2. Für die Füllung den Lauch putzen und waschen. Die Stangen in feine Streifen schneiden. Spinat verlesen, waschen und abtropfen lassen. Zwiebel, Knoblauch und Möhren schälen und alles in kleine Würfel schneiden. Steinpilze putzen und in Scheiben schneiden oder vierteln.

3. Die Butter in einer Pfanne zerlassen und Zwiebeln, Knoblauch, Möhren und Lauch darin andünsten. Die Hühnerbrühe angießen, Gemüse mit Salz, Pfeffer und Muskat würzen und in wenigen Minuten bißfest garen. Den Spinat dazugeben und zusammenfallen lassen. Die Gemüsemischung auf ein Sieb geben und abtropfen lassen, dabei die Garflüssigkeit auffangen. Das Olivenöl in einer Pfanne erhitzen. Die Pilze darin anbraten und unter das Gemüse mischen.

4. Puderzucker goldgelb karamelisieren lassen. Weißwein angießen und einkochen lassen. Die Garflüssigkeit vom Gemüse dazugeben, aufkochen lassen und mit kalt angerührter Speisestärke binden. Kurz kochen lassen, dann die Sahne dazugeben und mit Salz, Pfeffer und Muskat würzig abschmecken. Sauce von der Kochplatte nehmen. Den Backofen auf 210° C vorheizen.

5. Den Nudelteig dünn ausrollen und in Quadrate à 10 mal 10 cm schneiden. Reichlich Salzwasser aufkochen und die Nudelplatten darin in wenigen Minuten al dente kochen. Auf einem trockenen Küchentuch ausbreiten. Jeweils eine Hälfte mit der Gemüsefüllung bestreichen, Nudelplatten aufrollen und nebeneinander in eine gefettete, rechteckige Auflaufform legen.

6. Die Sauce über die Cannelloni gießen und die Fontinascheiben darauf legen. Cannelloni auf der mittleren Schiene im Backofen etwa 15 bis 20 Minuten überbacken.

Alfons Schuhbeck

Schneller geht's mit fertigen Cannelloniröllchen, dann allerdings die Backzeit etwas verlängern.

Bollito misto mit Salsa verde

Verschiedene Fleischsorten gemeinsam in einem Topf gegart und mit „Salsa verde“, einer kalten Kräutersauce, serviert – das ist eine beliebte Spezialität des Piemont. Im Original darf ein „Zampone“, das ist ein mit Fleischfarce gefüllter Schweinefuß, nicht fehlen.

Für 4–6 Personen

Für den Fleischtopf:

1 Kalbszunge, Salz, 1 Lorbeerblatt

4 Wacholderbeeren, 1 Zwiebel, 2 EL Keimöl

je 400 g Rinderbrust und Kalbsschulter

frisch gemahlener Pfeffer, ¼ l Weißwein

1 Knoblauchzehe

1 TL schwarze Pfefferkörner

1 Stückchen unbehandelte Zitronenschale

1 Thymianzweig, 1 ½ l Hühnerbrühe

3 Möhren, 3 Selleriestangen

4 doppelte Hähnchenbrustfilets

Für die Salsa verde:

1 Knoblauchzehe, 2 Bund Petersilie

3 Sardellenfilets, 1 TL Kapern, 1 EL Zitronensaft

100 ml Olivenöl (extra virgen)

1. Die Kalbszunge in einen Topf mit kaltem Wasser geben und salzen. Das Wasser aufkochen, das Lorbeerblatt und die Wacholderbeeren hinzufügen und die Zunge 1 ½ bis 2 Stunden köcheln lassen. Die Zwiebel quer halbieren. In einem großen Kochtopf das Öl erhitzen und die Zwiebelhälften mit den Schnittflächen nach unten goldbraun anbraten. Das gewaschene und gut trockengetupfte Rindfleisch und Kalbfleisch mit Salz und Pfeffer würzen und im heißen Öl rundherum anbraten. Mit Weißwein ablöschen, ungeschälte Knoblauchzehe, Pfefferkörner, Zitronenschale und den Thymianzweig dazugeben und die Flüssigkeit um die Hälfte einkochen lassen. Die Brühe angießen, und das Fleisch etwa 1 ½ bis 2 Stunden bei schwacher Hitze garen.

2. Möhren schälen, Selleriegrün abschneiden. Möhren und Selleriestangen schräg in Scheiben schneiden.

3. Für die Sauce den Knoblauch schälen, Petersilienblättchen abzupfen und die Sardellenfilets unter fließendem Wasser abspülen. Alles im Mixer mit Kapern, Zitronensaft und Olivenöl zu einer glatten Creme pürieren. Mit Salz und Pfeffer würzen.

4. Die Gemüsestücke und die Hähnchenbrustfilets 15 Minuten vor Ende der Garzeit in die Fleischbrühe geben und bei abgeschalteter Kochplatte gar ziehen lassen.

5. Die Kalbszunge häuten. Zunge, Fleisch und Hähnchenbrustfilets in Scheiben schneiden. Mit dem Gemüse auf vorgewärmten Tellern anrichten und mit Brühe begießen. Die Salsa verde getrennt dazu servieren.

Alfons Schuhbeck

Das Fleisch auf keinen Fall bei zu starker Hitze kochen lassen, es wird dadurch nicht schneller fertig, sondern nur trocken und hart. Je sanfter die Temperaturen, um so saftiger werden die Fleischstücke.

Kaufen Sie kein zu mageres Fleisch. Wenn es mit Fettadern durchzogen ist, schmeckt Fleisch wesentlich aromatischer.

Pochiertes Kalbfleisch mit Thunfischsauce

Für 4 Personen

700 g Kalbsnuß, Salz, frisch gemahlener Pfeffer

2 EL Keimöl, ¼ l trockener Weißwein

½ l Hühnerbrühe

1 Zwiebel mit 1 Lorbeerblatt und Nelken gespickt

2 Thymianzweige, 10 Pfefferkörner

200 g Thunfisch aus der Dose

2 Sardellenfilets, Saft von 1 Zitrone, 2 EL Kapern

150 ml Olivenöl (extra virgen)

1. Das Kalbfleisch waschen, trockentupfen und mit Salz und Pfeffer einreiben. In heißem Öl rundherum anbraten, mit Weißwein ablöschen und die Brühe angießen. Zwiebel, Thymian und Pfefferkörner dazugeben. Brühe einmal aufkochen lassen und das Fleisch bei schwacher Hitze etwa 1 Stunde gar ziehen lassen. Im Sud abkühlen lassen.

2. Für die Sauce Thunfisch, Sardellenfilets, Zitronensaft, ⅛ l Sud und die Hälfte der Kapern im Mixer zu einer glatten Creme pürieren, dabei langsam das Öl dazugießen. Sauce mit Salz und Pfeffer würzen.

3. Das Fleisch in dünne Scheiben schneiden und auf Tellern anrichten. Mit der Sauce überziehen und mit den restlichen Kapern bestreuen.

Alfons Schuhbeck

Den Kochsud auf keinen Fall wegschütten, er ergibt eine köstliche Suppe. Wenn Sie die Brühe auf ein Drittel einkochen lassen, erhalten Sie einen aromatischen Jus, mit dem man Saucen verfeinern kann.

Agnolotti mit Ricottafüllung

Für 4 Personen

Für den Nudelteig:

200 g Mehl, 100 g Hartweizengrieß, 1 Prise Salz

2 Eier, 3 Eigelbe, 1 EL Keimöl

Für die Füllung:

200 g Ricotta, 50 g frisch geriebener Parmesan

50 g Weißbrotbrösel, Salz

frisch geriebene Muskatnuß

3 EL braune Butter (Nußbutter)

2–3 frische Minzezweige

1 Eiweiß zum Bestreichen

50 g Butter

50 g frisch geriebener Parmesan

1. Die Zutaten für den Nudelteig zu einem glatten Teig verkneten. Mit Folie umhüllt 1 Stunde ruhen lassen.

2. Für die Füllung Ricotta mit Parmesan und Brösel verrühren und mit Salz und Muskat würzen. 5 bis 6 Minzeblätter fein hacken und mit der Nußbutter unter die Ricottamasse rühren.

3. Den Teig dünn ausrollen und mit verquirltem Eiweiß bestreichen. Mit einem Teelöffel etwas Füllung im Abstand von 5 bis 6 cm auf eine Teighälfte setzen. Die zweite Teighälfte darüberklappen und mit den Fingerkuppen jeweils rund um die Füllung festdrücken. Mit dem Teigrädchen Quadrate ausschneiden und auf ein bemehltes Tuch legen.

4. Die Teigquadrate in kochendem Salzwasser in wenigen Minuten bißfest garen. In der aufgeschäumten Butter mit den restlichen Minzeblättern schwenken. Mit Parmesan bestreut servieren.

Getrüffelter Risotto mit Fontina

Für 4 Personen

2 Schalotten, 20 g Butter

250 g Risottoreis

⅛ l Weißwein, ¾ l Gemüsebrühe

150 g Fontinakäse

1 EL frisch geriebener Parmesan

Salz, Cayennepfeffer

3 EL frische, gehackte gemischte Kräuter, (z.B. Petersilie, Kerbel, Basilikum)

einige Tropfen weißes Trüffelöl

1. Die Schalotten schälen, in kleine Würfel schneiden und in Butter andünsten. Den Reis dazugeben und so lange mit dünsten, bis die Reiskörner glasig sind. 100 ml Weißwein angießen und einkochen lassen. Unter ständigem Rühren immer wieder etwas Brühe angießen und so lange köcheln lassen, bis die Reiskörner weich sind, aber noch Biß haben.

2. Fontina entrinden und in kleine Würfel schneiden. Mit dem Parmesan und dem restlichen Wein unter den fertigen Risotto rühren. Risotto mit Salz und Cayennepfeffer würzen.

3. Zum Schluß die Kräuter und das Trüffelöl untermischen und den Risotto sofort servieren.

Fonduta

Für 4 Personen

350 g Fontinakäse, 200 ml Milch

5 Eigelbe, 20 g Butter

Salz, frisch gemahlener Pfeffer

weiße Trüffeln nach Geschmack

8 Weißbrotscheiben

1. Den Käse entrinden, in kleine Würfel schneiden und in eine Metallschüssel geben. Mit so viel Milch begießen, daß die Käsewürfel gerade bedeckt sind. Käse einige Stunden einweichen.

2. Käse im heißen Wasserbad erwärmen. Das Wasser darf dabei auf keinen Fall kochen. So lange mit einem Kochlöffel rühren, bis sich Milch und Käse zu einer glatten Masse verbunden haben. Nach und nach mit Eigelb und Butter in kleinen Flocken binden. So lange rühren, bis die Masse cremig ist.

3. Fonduta auf vier vorgewärmte tiefe Teller verteilen, frische Trüffeln darüberhobeln und die Fonduta mit dem gerösteten Weißbrot servieren.

Alfons Schuhbeck

Frische Trüffeln sind schon ein teurer Spaß – aber ab und zu sollte man sich den Genuß einfach gönnen.

Außerdem ist zu bedenken, daß Trüffeln kombiniert mit ganz einfachen, preiswerten Produkten am besten schmecken, z.B. mit Rührei, Risotto, Pasta oder über geschmolzenen Käse gehobelt.

Gratinierte Aprikosen

Für 4 Personen

10 vollreife Aprikosen

2 EL Puderzucker

1 TL Zitronensaft

Für die Gratinmasse:

120 g Amaretti, 1 EL Kakaopulver, 2 EL Rum

1 Eigelb, Mark von 1 Vanilleschote

50 g Mascarpone

1 Eiweiß, 1 EL Zucker

1. Die Aprikosen halbieren, entsteinen und fächerförmig einschneiden. Mit Puderzucker bestäuben, mit Zitronensaft beträufeln und etwa 30 Minuten ziehen lassen.

2. Die Amaretti grob zerbröseln, Kakao und Rum dazugeben und mit Eigelb, Vanillemark und Mascarpone glattrühren. Das Eiweiß mit dem Zucker schaumig schlagen und unter die Amarettimasse heben.

3. Backofengrill einschalten. Die Aprikosenfächer auf tiefen Tellern anrichten. Die Flüssigkeit, die sich beim Marinieren der Aprikosen gebildet hat, darüberträufeln. Amarettimasse auf die Aprikosenfächer geben.

4. Unter dem Backofengrill in wenigen Minuten goldbraun gratinieren und sofort servieren.

Alfons Schuhbeck

Das Dessert nur mit wirklich vollreifen, aromatischen Aprikosen zubereiten.

Wenn Sie keine frischen Aprikosen bekommen, bereiten Sie das Dessert mit Pfirsichen oder reifen Mangos zu.

Weiße Mokka-Pannacotta

Für 4 Personen

50 g Kaffeebohnen

½ l Milch

1 Vanilleschote

150 g Zucker

2 cl weißer Rum

5 Blatt Gelatine

500 g Sahne

1. Die Kaffeebohnen in einer Pfanne ohne Fett rösten. Mit der Milch begießen und die längs aufgeschnittene Vanilleschote und den Zucker dazugeben. Einmal aufkochen lassen, von der Kochplatte nehmen und abkühlen lassen. Milch zugedeckt 12 Stunden im Kühlschrank ziehen lassen.

2. Die aromatisierte Milch durch ein Sieb gießen. Den Rum erhitzen und die kalt eingeweichte, gut ausgedrückte Gelatine darin auflösen. Mit der Milch vermischen und so lange in den Kühlschrank stellen, bis die Milch zu gelieren beginnt.

3. Die Sahne steif schlagen und gleichmäßig unterheben. Die Masse auf vier Förmchen verteilen und mindestens 2 Stunden kalt stellen.

4. Die Förmchen in heißes Wasser tauchen und die Creme auf gekühlte Teller stürzen. Dazu passen Amaretti.

Provence

Die provenzalische Küche – das ist Kochen im völligen Einklang mit der Natur.

Ein wundervolles Klima, sanfte Täler und schroffe Berge, ein traumhaftes Licht, alte verschlafene Städte, der Duft von Lavendel, aber auch die Hektik der Hafenstadt Marseille und die überfüllten Strände der Côte d'Azur – die Provence ist in erster Linie aber eine Region für Genießer einer unverfälschten Küche. Gemüse, Früchte und viele Kräuter spielen neben frischen Fischen und anderen Meerestieren die Hauptrolle.

Die Provence ist den Jahreszeiten immer ein bißchen voraus. Dort blühen die ersten Mimosen und Mandelbäume; Salbei, Thymian und Lavendel verbreiten ebenfalls ein bißchen früher und auch intensiver als anderswo ihren Duft.

Die Küche der Provence wird nicht umsonst die Küche der Sonne genannt. Die Art und Weise zu kochen ist regional aber durchaus verschieden. In den Küstengebieten kocht man anders als im Hinterland oder gar in den Gebirgsgegenden. Die Küche von Nizza ähnelt stark der piemontesischen, und sie unterscheidet sich erheblich von den Gerichten, die man in Marseille, der Camargue oder in Avignon liebt. Eines verbindet aber alle: die Liebe zu bestem Olivenöl, frischem Knoblauch, den typischen Gewürzkräutern, die überall in der Provence im Überfluß gedeihen. Die Küche der Provence ist wie kaum eine andere Küche der Welt völlig im Einklang mit der Natur.

Den Provenzalen zu eigen ist ein großes Geschick, mit den Gaben der Natur umzugehen. Dazu gehört, daß sie nur Produkte verwenden, die die Jahreszeit gerade bietet. Aber um gut zu kochen ist neben der Qualität der Zutaten auch eine Portion Fingerspitzengefühl nötig – und vor allem Freude am Genießen. Ein Rosmarin- oder Thymianzweig, ein frisches Lorbeerblatt zusammen mit erntefrischen, sonnengereiften Tomaten sanft geköchelt – und ein bißchen Geduld, damit sich alle Aromen gut miteinander verbinden können. Klingt ganz einfach und ist dennoch nicht leicht.

Das Mittelmeer bietet Fische und Meerestiere im Überfluß, man geht aber nicht verschwenderisch damit um. Weniger edle Teile verarbeitet man zu schmackhaften Fischsuppen, die in der Alltagsküche mit Weißbrot und Knoblauchmayonnaise gegessen werden. Zu besonderen Anlässen wird die Suppe mit Fischstücken und Gemüse angereichert. Das ist das Nationalgericht der Provence – die Bouillabaisse. Sie sollte man auf jeden Fall bei einem Provence-Urlaub probieren.

Gemüsesuppe mit Pistou

Für 4 Personen

je ½ Bund Basilikum und Petersilie

1 Knoblauchzehe, 6 EL Olivenöl (extra virgen)

1 EL geriebener Hartkäse

Salz, etwas Zitronensaft

2 Selleriestangen, 2 Möhren

200 g Kartoffeln

2 kleine Zucchini, 2 Fleischtomaten

300 g frische, geschälte Bohnenkerne

1 Bohnenkrautzweig, 5 Pfefferkörner

1 Knoblauchzehe in der Schale

2 EL Noilly-Prat, 50 ml trockener Weißwein

1 l Hühnerbrühe, 80 g Fadennudeln

1. Für das Pistou grobgehackte Kräuter und geschälte Knoblauchzehe im Mörser zu einer glatten Masse verrühren. 4 EL Olivenöl und den Käse unterrühren und mit Salz und Zitronensaft würzen.

2. Gemüse putzen, waschen und, wenn nötig, schälen. Sellerie, Möhren und Kartoffeln in kleine Würfel, Zucchini in Scheiben schneiden. Tomaten kurz überbrühen, häuten und entkernen. Das Fruchtfleisch in Würfel schneiden. Bohnenkerne halbieren.

3. Restliches Olivenöl in einem großen Kochtopf erhitzen, das vorbereitete Gemüse (ohne Tomaten) darin andünsten, Bohnenkraut, Pfefferkörner und Knoblauch dazugeben und mit Noilly-Prat und Wein ablöschen. Einkochen lassen und die Hühnerbrühe angießen. Zugedeckt 15 Minuten köcheln lassen, dann Fadennudeln und Tomatenwürfel dazugeben. In 5 Minuten fertiggaren. In Suppenteller verteilen und je einen Teelöffel Pistou in die Mitte geben.

Lammkarree auf Kartoffelscheiben mit Ratatouille

Das sind die Zutaten, die man in der provenzalischen Küche liebt: saftiges Lammfleisch, frische Zwiebeln, Knoblauch, Zucchini und natürlich die frischen aromatischen Kräuter wie Thymian und Rosmarin. Damit sich alle Aromen voll entfalten und miteinander verbinden können, muß alles bei sanften Temperaturen gegart werden.

Für 4 Personen

1 Zwiebel, 2 Knoblauchzehen

1 Zucchino

je 1 gelbe und 1 grüne Paprikaschote

2 rote Paprikaschoten

1 TL Fenchelsamen

6 EL Olivenöl (extra virgen)

1 feingehackte Knoblauchzehe

1 Thymianzweig

1 TL feingehackte Rosmarinnadeln

4 mittelgroße Kartoffeln

800 g Lammkarree

Salz, frisch gemahlener Pfeffer

350 g Tomatenstücke (aus der Packung)

frisch gemahlener Pfeffer, Cayennepfeffer

1. Zwiebel und Knoblauch schälen, Zucchino gründlich waschen; Paprikaschoten halbieren und die Stielansätze und Trennwände entfernen. Die Paprikaschoten in kleine Rauten, das übrige Gemüse in kleine Würfel schneiden. Den Backofen auf 160° C vorheizen.

2. Die Fenchelsamen in einer Pfanne ohne Fett rösten, dann 2 EL Öl dazugeben und Knoblauch, Thymian und Rosmarin hinzufügen. Von der Kochplatte nehmen und wenige Minuten durchziehen lassen. Kartoffeln waschen, schälen und in ½ cm dicke Scheiben schneiden.

3. Das Lammkarree mit Salz und Pfeffer würzen und mit der Kräuter-Öl-Marinade bestreichen.

4. Das restliche Öl in einem Bräter erhitzen und das Lammfleisch darin von allen Seiten anbraten. Herausnehmen und mit Alufolie umhüllt warm halten.

5. Die Kartoffelscheiben in dem Bratfett anbraten. Das Lammkarree auf die Kartoffeln setzen und das vorbereitete Gemüse am Rand des Bräters verteilen. 25 bis 30 Minuten zugedeckt im heißen Backofen schmoren lassen.

6. Das Fleisch mit den Kartoffeln aus dem Bräter nehmen und mit Alufolie bedeckt kurz ruhen lassen. Die Tomaten unter das Ratatouillegemüse mischen, mit Salz und Cayennepfeffer würzen und auf der Kochplatte kurz durchkochen lassen.

7. Das Fleisch in Scheiben schneiden, auf den Kartoffelscheiben anrichten. Ratatouille dazu reichen.

Alfons Schuhbeck

Das Lammfleisch unbedingt vor dem Anschneiden kurz ruhen lassen, damit sich der Fleischsaft gut verteilen kann und beim Aufschneiden nicht ausläuft. So bleibt das Fleisch viel saftiger.

Fleisch sollte nicht bei zu hohen Temperaturen im Backofen gegart werden. Je schonender die Backofentemperatur, um so saftiger das Bratergebnis.

Bouillabaisse-Salat

Für 4 Personen

1 kleine Fenchelknolle

½ Lauchstange, 1 kleine Zwiebel

3 Tomaten, 5 EL Olivenöl (extra virgen)

1 gehackte Knoblauchzehe

50 ml Weißwein, ½ TL Pernod

100 ml Gemüsebrühe, 6–8 Safranfäden, Salz

Saft von 1 kleinen Zitrone, 1 TL scharfer Senf

400 g gemischte Mittelmeerfische (küchenfertig)

frisch gemahlener schwarzer Pfeffer

Cayennepfeffer

frisch gemahlene Fenchelsamen

ca. 120 g gemischte Salatblätter

1. Das Grün der Fenchelknolle abschneiden und beiseite legen. Fenchel, Lauch und die geschälte Zwiebel in dünne Scheiben schneiden. Tomaten häuten, entkernen und in Würfel schneiden.

2. In einem Topf 1 EL Öl erhitzen, den Knoblauch, Zwiebel- und Fenchelstreifen glasig braten. Lauch hinzufügen, mit Wein und Pernod ablöschen. Mit Brühe aufgießen, Safran dazugeben, salzen und die Tomaten unterrühren. Von der Kochplatte nehmen.

3. Zitronensaft, Senf, 3 EL Olivenöl und gehacktes Fenchelgrün unterrühren und würzen.

4. Die Fische würzen, im restlichen Öl 2 Minuten anbraten, von der Kochplatte nehmen und in der Restwärme fertiggaren.

5. Salatblätter auf Tellern anrichten, die Fische darauf legen und die Marinade darüber verteilen.

Gebratene Goldbrasse

Für 4 Personen

2 mittelgroße Fenchelknollen

1 Goldbrasse von ca. 1,5 kg

7 EL Olivenöl (extra virgen)

2 EL Zitronensaft, 5 Tropfen Pernod

Salz, frisch gemahlener Pfeffer

4 Salbeiblätter, 2 Knoblauchzehen

2 Möhren, 1 rote Birne, 20 g Puderzucker

30 g Butter, 1 EL Pernod, 3–4 EL Weißwein

⅛ l Hühnerbrühe, Orangenschalenstreifen

1. Von den Fenchelknollen das Grün entfernen und beiseite legen. Die Knollen halbieren und in dünne Spalten schneiden. Die Goldbrasse waschen und trockentupfen. Backofen auf 160° C vorheizen.

2. Zitronensaft mit 4 EL Olivenöl, Pernod, Salz und Pfeffer verrühren und die Goldbrasse damit bestreichen. Mit Salbeiblättern und den ungeschälten Knoblauchzehen füllen und 30 Minuten marinieren.

3. In einem Bräter 3 EL Olivenöl erhitzen, die Goldbrasse darin anbraten und im heißen Backofen in 20 bis 30 Minuten fertigbraten.

4. Möhren und Birne schälen. Möhren schräg in Scheiben schneiden. Birne halbieren, entkernen und in Spalten schneiden. Puderzucker karamelisieren lassen und Möhren und Fenchel darin andünsten. 20 g Butter dazugeben und mit Pernod und Wein ablöschen, einkochen lassen und die Brühe angießen. Erneut einkochen lassen, die Orangenschalenstreifen untermischen und mit den in der restlichen Butter gebratenen Birnenspalten belegen. Mit dem gehackten Fenchelgrün bestreuen und zu der Goldbrasse servieren.

Geschmorte Zickleinkeule mit Zwiebel-Tomaten-Püree

Für 4 Personen

2 Zickleinkeulen

Salz, frisch gemahlener Pfeffer

12 EL Olivenöl (extra virgen)

4 cl Cognac

⅛ l Hühnerbrühe

4 Zwiebeln

2 Knoblauchzehen, 2 Rosmarinzweige

50 g Butter

grobgemahlene Korianderkörner

grobgemahlene Pfefferkörner

500 g mehligkochende Kartoffeln

100 ml Milch

etwas Cayennepfeffer

etwas frisch geriebene Muskatnuß

1. Die Zickleinkeulen waschen, trockentupfen und mit Salz und Pfeffer einreiben. 3 EL Olivenöl in einem Schmortopf erhitzen und die Keulen darin rundherum anbraten. Herausnehmen und den Bratensatz mit Cognac ablöschen. Mit Geflügelbrühe aufgießen. Backofen auf 150° C vorheizen.

2. Zwiebeln und Knoblauch schälen. Die Zwiebeln in Scheiben schneiden und mit den ganzen Knoblauchzehen in den Bratenfond geben. Einen Rosmarinzweig hinzufügen, die Zickleinkeulen auf das Gemüse legen und den Topf in den vorgeheizten Backofen stellen. Offen 2 Stunden garen lassen.

3. Butter und 5 EL Olivenöl in einem kleinen Pfännchen erhitzen. Grobgemahlene Koriander- und Pfefferkörner unterrühren und die Keulen immer wieder mit der Masse bestreichen.

4. Die Kartoffeln schälen, halbieren und in wenig Salzwasser garen. Das Kochwasser abschütten, die Kartoffeln abdampfen lassen und sofort durch eine Kartoffelpresse drücken. Die Milch erhitzen und abwechselnd mit dem restlichen Olivenöl unter die durchgedrückten Kartoffeln rühren.

5. Die Zickleinkeulen herausnehmen und mit Alufolie umhüllt warm stellen.

6. Rosmarinnadeln abzupfen und fein hacken. Den Bratensaft mit den Zwiebeln durch ein Sieb gießen und gut abtropfen lassen. Den Bratensaft in eine Sauteuse gießen und etwas einkochen lassen. Zwiebeln und Knoblauch mit dem Stabmixer pürieren und mit den gehackten Rosmarinnadeln unter das Kartoffelpüree rühren. Mit Salz, Cayennepfeffer und Muskat würzig abschmecken.

7. Das Fleisch von den Keulen lösen, in Scheiben schneiden und mit dem Zwiebel-Rosmarin-Püree auf vorgewärmten Tellern anrichten. Den Bratensaft getrennt dazu reichen.

Alfons Schuhbeck

Das Weinbaugebiet der Provence gehört zu den ältesten Frankreichs. Der Ursprung des Weins geht auf die ersten griechischen Kolonien an der Mittelmeerküste zurück. Dennoch wird in dieser Region heute kein wirklich großer Weinbau – im Sinne von Topweinen – betrieben. Bekannt ist sie für frisch-fruchtige Roséweine, lediglich in der Gegend um Aix-en-Provence oder in der Appellation Bandol werden gerbstoffreiche, kräftige Rotweine hergestellt.

Weinkenner bevorzugen daher zu den verführerischen Speisen der Provence die Weine der angrenzenden Rhône-Region, insbesondere die berühmten Rotweine der Appellation Châteauneuf-du-Pape.

Auberginengratin mit Kräuterbröselkruste

Für 4 Personen

800 g Auberginen, Salz

1 kg vollreife Tomaten

2 Bohnenkrautzweige

1 Knoblauchzehe

8 EL Olivenöl (extra virgen)

frisch gemahlener Pfeffer

400 g Artischockenherzen (aus dem Glas)

4–5 EL doppelgriffiges Mehl

1 Knoblauchzehe

1 Rosmarinzweig

120 g frisch geriebene Weißbrotbrösel

2 EL frisch geriebener Parmesan

1 EL brauner Zucker

1. Die Auberginen waschen, in ½ cm dicke Scheiben schneiden, salzen und etwa 30 Minuten ziehen lassen.

2. Tomaten blanchieren, häuten, vierteln und entkernen. Die Blätter von den Bohnenkrautzweigen abzupfen und die Knoblauchzehe schälen und fein hacken.

3. Die Tomatenviertel kurz in 2 EL erhitztem Olivenöl schwenken und mit Salz, Pfeffer und Bohnenkraut würzen. Die Artischockenherzen halbieren.

4. Die Auberginenscheiben mit Küchenpapier trockentupfen. Mit Salz und Pfeffer würzen, in Mehl wenden und in 4 EL Olivenöl zusammen mit der ungeschälten Knoblauchzehe auf beiden Seiten goldgelb braten. Auf mehrfach zusammengefaltetes Küchenpapier legen und abtropfen lassen. Den Backofen auf 180° C vorheizen.

5. Auberginenscheiben, Tomatenviertel und Artischockenhälften dachziegelartig in eine gefettete flache Gratinform schichten.

6. Rosmarinnadeln abzupfen und fein hacken. Mit den Weißbrotbröseln und dem geriebenen Parmesan vermischen. Mit frisch gemahlenem Pfeffer würzen und auf das Gemüse streuen. Mit dem restlichen Olivenöl beträufeln und auf der mittleren Schiene im Backofen in 30 bis 40 Minuten goldbraun backen.

Alfons Schuhbeck

Die Provence bietet noch andere kulinarische Spezialitäten:

Typisch ist der Salat à la Niçoise, den es in verschiedenen Variationen gibt. Niemals dürfen neben diversen Salatsorten gekochte Kartoffeln, Sardellen und Oliven fehlen.

Besonders köstlich schmeckt Auberginen-Confit. Dazu werden Auberginenscheiben, Tomaten und Zwiebeln übereinandergeschichtet, mit Knoblauchzehen gespickt, reichlich mit Olivenöl beträufelt und bei sanfter Temperatur gegart, bis das Gemüse richtig weich ist. Zum Schluß mit Käse gratinieren.

Jeder, der schon mal in der Provence war, kennt die leckeren, unwiderstehlichen „Les petits farcis“. Kleine Zucchini, Auberginen, Tomaten oder Artischocken werden abwechslungsreich gefüllt und im Backofen gegart.

Herrlich schmeckt auch eine selbstgemachte Tapenade: Eine Olivenpaste, die ihren Namen nicht von den Oliven hat, sondern von den Kapern, die auf provenzalisch „tapeno“ heißen. Es ist also eigentlich eine Kapernsauce. Die cremige Paste ißt man zu Landbrot.

Bei den Süßigkeiten begeistern mich vor allem die „Saint-Honoré-Torte“ – eine aus kleinen, mit Buttercreme gefüllten Windbeuteln zusammengesetzte Torte, die mit Zuckerfäden überzogen wird, oder der „Gâteau aux pommes et au caramel“ – ein gestürzter Apfelkuchen.

Windbeutel mit Kastanienmousse

Eine Abwandlung der berühmten „Saint-Honoré-Torte" sind diese raffinierten Windbeutel mit Kastanienmousse gefüllt. Die Zubereitung geht schneller, sie schmecken aber nicht minder köstlich. Probieren Sie es einmal aus!

Für 4 Personen

Für den Brandteig:

⅛ l Milch

75 ml Wasser

80 g Butter, 1 Prise Salz

120 g Mehl

4 Eier, 1 Eigelb

Für die Füllung:

500 g Eßkastanien (Maronen)

80 g Zucker

½ l Milch, 1 Prise Salz

Mark einer Vanilleschote

1 Msp geriebene unbehandelte Orangenschale

2 cl weißer Rum

2 cl Kirschwasser

250 g Sahne

Puderzucker zum Bestäuben

1. Milch, Wasser, Butter und Salz zum Kochen bringen. Das Mehl dazugeben und unter Rühren mit einem Kochlöffel so lange „abbrennen", bis sich am Topfboden ein weißer Film gebildet hat, und die Masse zu einem glatten Kloß geformt ist. Alles in eine Schüssel umfüllen und sofort ein Ei unterrühren. Das nächste Ei erst dann hinzufügen, wenn der Teig wieder glatt und geschmeidig ist. Auf diese Weise alle Eier und das Eigelb unterrühren. Der Brandteig hat die richtige Konsistenz, wenn er schwer reißend vom Kochlöffel fällt.

2. Backofen auf 200° C vorheizen. Den Teig in einen Spritzbeutel mit einer Tülle von 1 bis 2 cm Durchmesser füllen und etwa tischtennisballgroße Kugeln auf ein mit Backpapier ausgelegtes Backblech spritzen. Die Spitzen mit einem nassen Löffelrücken andrücken, damit sie nicht verbrennen.

3. Auf der mittleren Schiene im Backofen goldbraun backen. Eine Tasse mit Wasser in den Backofen stellen. Die Backofentür nach 15 Minuten einen Spalt breit öffnen und die Windbeutel in 10 bis 15 Minuten fertigbacken.

4. Für die Füllung die Eßkastanien einritzen und im heißen Backofen 10 Minuten backen und schälen.

5. Zucker in einem Topf goldbraun karamelisieren lassen und mit warmer Milch aufgießen. Eine Prise Salz, Vanillemark und Orangenschale dazugeben, die Maronen hinzufügen und unter Rühren weich kochen. Die Karamelmilch sollte dabei sirupartig einkochen.

6. Die Eßkastanien mit der Milch durch eine Kartoffelpresse drücken und mit Rum und Kirschwasser abschmecken. Abkühlen lassen.

7. Die Sahne steif schlagen und locker und gleichmäßig unter die Kastaniencreme ziehen. Mit Hilfe eines Spritzbeutels die Windbeutel seitlich damit füllen und mit Puderzucker bestäuben.

Alfons Schuhbeck

Windbeutel sollte man nicht zu lange stehen lassen, sondern möglichst nach dem Füllen sofort verzehren. Durchgeweichtes Brandteiggebäck schmeckt langweilig.

Steiermark

Zünftige Jausen, trockener Schilcherwein und aromatisches Kürbiskernöl – das sind die Spezialitäten der Steiermark.

Die zahlreichen Burgen in der Steiermark lassen erahnen, daß diese Region eine bewegte Geschichte hinter sich hat. Einst verlief hier die heiß umkämpfte Nordgrenze des Heiligen Römischen Reiches Deutscher Nation. Die zauberhafte Hauptstadt Graz war damals Kaisersitz und Metropole des Reiches. Später bildete die Region ein Bollwerk gegen das Osmanische Reich.

Während die westliche Steiermark umrahmt von hohen Bergen eher als Skigebiet bekannt ist, nennt man die südliche Steiermark auch die österreichische Toskana. Sanfte Hügel, leuchtende Laubwälder und zahlreiche Weinberge laden zum Entspannen und Genießen ein. Die herzhafte, bodenständige Küche, die guten Weine und nicht zuletzt die Herzlichkeit der Menschen machen einen Aufenthalt in der Steiermark zu einem unvergeßlichen Erlebnis.

In der Steiermark zu wandern macht schon deshalb so viel Spaß, weil man über kurz oder lang auf eine Jausenstation trifft, wo es Speck, verlockende Würste und herzhaftes Bauernbrot gibt. Dazu einen Schilcher, die „steirische Landessäure", wie der Wein im Volksmund genannt wird. Dieser äußerst trockene, säurebetonte Roséwein ist zwar gewöhnungsbedürftig, er paßt aber gut zu den deftigen Speisen.

Eine weitere Spezialität der Südsteiermark ist das steirische Gold – das Kürbiskernöl. Jeder, der das grünschwarze, dickflüssige Öl das erste Mal über den Salat gießt, erschaudert ein wenig. Es erinnert eher an Wagenschmiere als an eine genußvolle Bereicherung der Salatblätter. Ist man aber auf den Geschmack gekommen, kann man nicht mehr davon lassen. Die Herstellung ist langwierig und aufwendig. Zweieinhalb Kilogramm Kerne von etwa 17 Kürbissen sind für einen Liter Öl nötig. Der Spätsommer ist die Erntezeit für die Kürbisköpfe. Die olivgrünen Kerne werden herausgelöst und zum Trocknen ausgelegt. Anschließend werden sie gemahlen, mit Wasser zu einem Teig vermischt, geröstet und gepreßt. Das nussig schmeckende Öl kann man in jeder Buschenschänke kaufen.

Fährt oder wandert man durch die Steiermark, kreuzen immer wieder freilaufende Hühner, Gänse und Fasane den Weg. Links und rechts der Straßen stehen Obstbäume, zur Erntezeit im Herbst übervoll mit roten Äpfeln, blauen Zwetschgen oder goldgelben Birnen. Das Obst wird aber nicht nur zu herrlich verführerischen Mehlspeisen, fruchtigen Kompotten oder feinen Konfitüren verarbeitet, sondern auch sehr erfolgreich zu aromatischen Schnäpsen gebrannt.

Kürbissuppe

Für 4 Personen

500 g Kürbisfleisch, 2 mittelgroße Möhren

1 Zwiebel, 3 EL Keimöl

Salz, frisch gemahlener Pfeffer

1 TL frisch geriebener Ingwer

frisch geriebene Muskatnuß und Piment

1 kleines Lorbeerblatt

¾ l Hühnerbrühe, 1 TL Aceto Balsamico

2–3 EL getrocknete Kürbiskerne

Kürbiskernöl nach Geschmack

1. Das Kürbisfleisch in Stücke schneiden. Möhren schälen und kleinschneiden. Zwiebel schälen und in kleine Würfel schneiden.

2. Das Öl erhitzen und Zwiebeln und Möhren darin andünsten. Das Kürbisfruchtfleisch dazugeben und mit anbraten. Gewürze zufügen und die Hühnerbrühe angießen. Aufkochen und etwa 15 Minuten köcheln lassen.

3. Das Lorbeerblatt entfernen und die Suppe mit dem Stabmixer fein pürieren. Mit Essig abschmecken.

4. Die Kürbiskerne in einer Pfanne ohne Fett rösten und grob hacken. Die Suppe auf vier tiefe Teller verteilen. Jeweils in die Mitte etwas Kürbiskernöl träufeln. Die Kürbiskerne darüberstreuen.

Alfons Schuhbeck

Kürbiskerne schmecken nicht nur geröstet und gesalzen, in der Steiermark werden sie häufig in karamelisiertem Puderzucker geröstet und abgekühlt als süße Knabberei zum Kaffee genascht.

Kürbiskraut

Für 4 Personen

500 g Kürbisfleisch, Salz

1 Prise gemahlener Kümmel

5 EL Rotweinessig

1 Zwiebel, 50 g Butter

1 TL Zucker

1 Kräuterbrühwürfel (Gartenkräuter)

1 gestr. TL Paprikapulver (edelsüß)

frisch gemahlener Pfeffer

etwas Cayennepfeffer

1. Das entkernte Kürbisfleisch in kleine Stücke schneiden. In eine Schüssel geben und mit Salz, Kümmel und Essig vermischen. Zugedeckt etwa 30 Minuten marinieren.

2. Zwiebel schälen und in Würfel schneiden. Butter in einer Kasserolle zerlassen. Zucker und Zwiebelwürfel zufügen und darin glasig braten. Den zerkleinerten Kräuterbrühwürfel, Paprikapulver und das Kürbisfleisch hinzufügen, miteinander vermischen und mit Salz, Pfeffer und Cayennepfeffer würzen. Kürbis unter gelegentlichem Schwenken der Pfanne bißfest dünsten.

Alfons Schuhbeck

Das Kürbiskraut ist eine schmackhafte Beilage zu Lammkoteletts oder gekochtem Rindfleisch.

Kürbisfleisch enthält wie alle Fruchtgemüse wenig Eiweiß, Fett und Kohlenhydrate, deshalb ist es ausgesprochen kalorienarm. Sein Karotingehalt ist jedoch beachtlich. Karotin ist die Vorstufe von Vitamin A, dem Vitamin, das für gutes Sehvermögen und schöne Haut sorgt. Vitamin A kann nur in Verbindung mit Fett aufgenommen werden, deshalb: Kürbis niemals ohne Fett genießen, sonst hilft ein ganzer Riesenkürbis nichts.

Krautfleckerl

Für 4 Personen

250 g Mehl, 2 Eier

1 Eigelb, 1 TL Öl, Salz

½ Kopf Weißkraut (ca. 500 g)

1 EL Keimöl

20 g Butter

frisch gemahlener Pfeffer

etwas gemahlener Kümmel

4–6 EL Hühnerbrühe

½ Bund Schnittlauch

1. Mehl, Eier, Eigelb, Öl und 1 Prise Salz zu einem glatten Nudelteig verkneten. Teig zu einer Kugel formen und mit Frischhaltefolie umhüllt 30 Minuten ruhen lassen.

2. Vom Weißkraut den Strunk und die äußeren welken Blätter entfernen. Das Kraut in kleine Quadrate oder Rauten schneiden.

3. Öl und Butter in einem Bratentopf erhitzen. Das Kraut hineingeben und darin andünsten. Mit Salz, Pfeffer und Kümmel würzen. Die Hühnerbrühe angießen. Kraut zugedeckt bei schwacher Hitze etwa 15 bis 20 Minuten schmoren.

4. In der Zwischenzeit reichlich Salzwasser aufkochen. Den Nudelteig auf der bemehlten Arbeitsfläche dünn ausrollen und kleine Quadrate oder Rauten ausschneiden. Im kochenden Salzwasser in wenigen Minuten al dente kochen.

5. Nudeln in ein Sieb abgießen und gut abtropfen lassen. Unter das geschmorte Kraut mischen und mit feingeschnittenem Schnittlauch bestreuen.

Freilandhähnchen mit Knödel-Gemüse-Füllung

Für 4 Personen

1 Freilandhähnchen (ca. 1,5 kg)

Salz, frisch gemahlener Pfeffer

Für die Füllung:

2 EL Kürbiskerne

1 kleine Zwiebel

1 Möhre

80 g Knollensellerie

20 g Butter

Salz, frisch gemahlener Pfeffer

80 ml Milch

2 altbackene Semmeln

2 Petersilienzweige

2 Eigelbe

1 Eiweiß

frisch geriebene Muskatnuß

Zum Braten:

40 g Butter, 2 EL Keimöl

1. Das Hähnchen waschen, trockentupfen und innen und außen mit Salz und Pfeffer einreiben.

2. Die Kürbiskerne in einer Pfanne ohne Fett rösten. Herausnehmen und abkühlen lassen.

3. Zwiebel, Möhre und Knollensellerie schälen und in kleine Würfel schneiden. Die Butter zerlassen und das Gemüse darin andünsten. Mit Salz und Pfeffer würzen, die Milch darübergießen und das Gemüse von der Kochplatte nehmen.

4. Die Semmeln in kleine Würfel schneiden und mit den gehackten Kürbiskernen und der Gemüsemilch vermischen. Etwa 15 Minuten ziehen lassen. Petersilie grob hacken und mit dem Eigelb unter die Gemüse-Brot-Masse rühren.

5. Eiweiß mit etwas Salz sehr steif schlagen und gleichmäßig unter die Knödelmasse heben. Mit Salz, Pfeffer und Muskat würzig abschmecken. In einen Spritzbeutel mit glatter Lochtülle füllen.

6. Die Brusthaut des Hähnchens mit Hilfe eines Löffelstiels vom Hals aus vom Brustfleisch lösen und die Knödelmasse etwa 1 cm hoch zwischen Brustfleisch und Haut spritzen. Die restliche Knödelmasse in die Bauchhöhle füllen. Die Öffnung mit einem Holzspießchen zustecken. Den Backofen auf 150° C vorheizen.

7. Butter und Öl in einem großen Bräter erhitzen und das Hähnchen darin rundherum anbraten. Hähnchen mit der Brustseite nach oben in den Backofen schieben und in etwa 50 bis 60 Minuten goldbraun braten. Dabei häufig mit dem Bratfett bestreichen.

Alfons Schuhbeck

In der Steiermark sind frische Freilandhendl eine Selbstverständlichkeit, bei uns muß man schon danach Ausschau halten. Aber es lohnt sich, denn das Fleisch von freilaufendem Geflügel ist viel aromatischer.

Wer zum Hähnchen gerne eine Sauce möchte, löscht den Bratensatz mit Geflügelbrühe ab und bindet ihn mit etwas Saucenbinder.

Steirisches Wurzelfleisch

Für 4 Personen

800 g Schweinenacken

Salz, frisch gemahlener Pfeffer

3 EL Keimöl

1 Zwiebel, 1 Knoblauchzehe

1 TL Pfefferkörner, 2 Wacholderbeeren

1 Lorbeerblatt

3 Pimentkörner

1 Prise gemahlener Kümmel

1 ½ l Hühnerbrühe

4 große mehligkochende Kartoffeln

3 Möhren, 400 g Knollensellerie

1 Lauchstange

30 g Butter

3 EL Weißweinessig

½ Bund Schnittlauch

1 Stückchen frischer Meerrettich

1. Das Fleisch waschen, trockentupfen und mit Salz und Pfeffer einreiben.

2. Einen Schnellkochtopf auf die Kochplatte stellen und erhitzen. Das Keimöl in den heißen Topf geben und ebenfalls erhitzen. Das Fleisch darin rundherum anbraten. Die Zwiebel quer halbieren, mit den Schnittflächen nach unten in das heiße Fett legen und goldbraun anbraten. Die ungeschälte Knoblauchzehe dazugeben und mit anbraten.

3. Die Gewürze in ein Mullsäckchen geben und das Säckchen zubinden oder in ein Tee- oder Kräuterei füllen und dieses verschließen. Die Hühnerbrühe angießen, die verpackten Gewürze dazugeben und den Schnellkochtopf verschließen. Das Fleisch auf Schonstufe etwa 30 Minuten garen lassen.

4. In der Zwischenzeit die Kartoffeln, die Möhren und den Knollensellerie schälen. Den Lauch putzen. Die Kartoffeln vierteln und das Gemüse in feine Streifen (Julienne) schneiden.

5. Den Schnellkochtopf von der Kochplatte nehmen und kurz abdampfen lassen. Öffnen und etwa ⅛ l Flüssigkeit herausnehmen und beiseite stellen. Die Kartoffeln zum Fleisch geben und den Topf erneut fest verschließen. Weitere 10 Minuten auf Schonstufe garen.

6. Die Butter in einer beschichteten Pfanne zerlassen. Möhren und Sellerie darin kurz andünsten, den Lauch dazugeben, mit Essig und der Kochbrühe ablöschen und das Gemüse bißfest garen.

7. Den Schnellkochtopf erneut abdampfen lassen, öffnen, das Fleisch herausnehmen und kurz ruhen lassen. Die Kartoffeln herausnehmen und zum Gemüse geben. Die Kochflüssigkeit bei starker Hitze sämig einkochen lassen.

8. Das Fleisch in Scheiben schneiden. Das Gemüse mit den Kartoffeln auf vier vorgewärmten Tellern verteilen, die Fleischscheiben darauf anrichten und mit dem Kochsud begießen. Mit feingeschnittenem Schnittlauch bestreuen und den Meerrettich frisch darüberreiben.

Alfons Schuhbeck

In der Steiermark liebt man herzhafte Kost und deshalb auch den scharfen Meerrettich. Er fehlt bei keiner Jause, außerdem raspelt man ihn gern über warme Speisen, etwa über den Tafelspitz oder das Wurzelfleisch.

In Österreich heißt der Meerrettich übrigens Kren.

Rindfleischsalat mit Kürbiskernöl

Für 4 Personen

300 g festkochende Kartoffeln

1 Bund Radieschen

500 g gekochtes Rindfleisch

1 kleiner Apfel, 2 Schalotten

100 ml Rinderbrühe

5 EL Rotweinessig, 5 EL Kürbiskernöl

Salz

frisch gemahlener Pfeffer, 1 Prise Zucker

½ Bund Schnittlauch

1. Kartoffeln kochen, schälen und abkühlen lassen. Radieschen putzen und waschen. Beides in Scheiben schneiden. Fleisch in 2 mm dicke Scheiben schneiden.

2. Den Apfel schälen, halbieren und entkernen. Schalotten schälen. Beides in kleine Würfel schneiden.

3. Rinderbrühe, Rotweinessig und Kürbiskernöl verrühren und mit Salz, Pfeffer und Zucker würzen.

4. Rindfleisch, Kartoffeln und Radieschen dekorativ auf Tellern anrichten und mit dem Dressing beträufeln. Den Schnittlauch fein schneiden und den Salat damit bestreuen.

Alfons Schuhbeck

Kürbiskernöl schmeckt sehr aromatisch, aber nur wenn es frisch ist. Es verdirbt sehr rasch, deshalb niemals zu große Mengen kaufen und unbedingt kühl und dunkel aufbewahren!

Kürbiskuchen

Für eine Tarteform (24 cm Durchmesser)

Für die Füllung:

400 g Kürbisfleisch, 200 ml Weißwein

1 EL geriebener Ingwer, 1 Msp gemahlener Zimt

abgeriebene Schale von ½ Orange (unbehandelt)

3 Eier, 100 g Zucker, 125 g Sahne

Für den Teig:

250 g Zwieback, 50 g Mandeln

100 g Zucker, 150 g zerlassene Butter

Außerdem:

ca. 30 g feingeriebene, geschälte Mandeln

geschlagene Sahne nach Belieben

1. Kürbisfleisch kleinschneiden. Wein mit Ingwer, Zimt und Orangenschale erhitzen und das Kürbisfleisch darin weich kochen. Im Mixer fein pürieren und kalt stellen. Backofen auf 220° C vorheizen.

2. Für den Teig Zwieback und Mandeln fein zerreiben. Zucker und die zerlassene Butter dazugeben. Alles zu einer glatten Masse verarbeiten. In eine gefettete Tarteform drücken und 10 Minuten im Backofen auf der mittleren Schiene backen. Herausnehmen und die Backofentemperatur auf 160° C zurückschalten.

3. Eier, Zucker und Sahne schaumig schlagen. Das kalte Kürbispüree unterrühren und auf dem vorgebackenen Boden verteilen. Mit Mandeln bestreuen und im Backofen in 50 Minuten fertigbacken. Den Backofen ausschalten und den Kuchen noch etwa 20 Minuten im Ofen lassen. Abgekühlt in Stücke schneiden und mit geschlagener Sahne servieren.

Südtirol

Eine alpenländische Küche mit Knödeln, Nockerln, Sterz und Gröstl verlockt jeden Wanderer zur Einkehr beim Weinbauern.

Wer nach Südtirol fährt, den erwarten eine wunderschöne Berglandschaft und sympathische, bodenständige Menschen. Obwohl die Region zu Italien gehört, findet man dort keine typisch italienische Küche. Sicherlich gibt es in Südtirol wie überall auf der Welt auch italienische Restaurants, aber die echte Südtiroler Küche ist alpenländisch geprägt, also eher deftig und nahrhaft.

Die mühevolle Arbeit der Weinbauern in den Steilhängen macht hungrig, und deshalb bevorzugte man schon immer handfeste Speisen wie Speck und Brot, Braten, üppige Mehlspeisen und Fettgebackenes.

Traditionsbewußt wie die Südtiroler ist auch ihre Art zu kochen, obwohl sich natürlich in letzter Zeit immer mehr italienische Einflüsse bemerkbar machen. Die echten Südtiroler Spezialitäten sind jedoch bis heute unverfälscht erhalten geblieben.

Am besten lernt man die Südtiroler Küche beim Wandern kennen, wenn man bei einem Weinbauern Rast macht, um sich zu stärken und den Durst zu löschen. Der verführerische Duft von gebratenem Fleisch, dampfender Fleischbrühe mit Schlutzkrapferl und frisch ausgebackenen Kücherln, der aus der Küche strömt, verlockt zur Einkehr. Es gibt keine Speisekarte, sondern ausschließlich das, was die Bäuerin gekocht hat. Dazu trinkt man den selbstgemachten Wein, der vorwiegend aus Vernatschtrauben gekeltert wird.

Die Küche Südtirols hat viel Ähnlichkeit mit der bayerischen Küche. Das hat seinen Grund, denn schon im 6. Jahrhundert brachten die Bajuwaren nicht nur ihre Kultur und ihre Sprache mit über den Brenner, sondern vor allem auch die Kunst des Knödelmachens. Weder die Langobarden noch die Italiener schafften es, diese Einflüsse vergessen zu machen.

Eine weit über Italiens Grenzen hinaus geschätzte Spezialität ist der Südtiroler Speck, der nicht nur fester Bestandteil jeder Vesper ist, sondern der auch in zahlreichen Rezepten zu finden ist. Zum Südtiroler Speck gehören Südtiroler Brote wie das Vingschgerl oder das Schüttelbrot. Beide werden aus Roggenmehl gemacht. Das Besondere daran sind die Gewürze: Kümmel, Fenchel, Anis und Brotklee sorgen für den typischen Geschmack.

Im Spätherbst, wenn die reifen Eßkastanien vom Baum fallen, bekommt man bei jedem Weinbauern zum neuen Wein heißdampfende, frisch geröstete Maronen. Ein unwiderstehlicher Genuß, der vergessen läßt, daß der Winter vor Tür steht.

Gebratene Schlutzkrapferl

Für 4 Personen

Für den Teig:

150 g Roggenmehl, 150 g Weizenmehl

2 Eigelbe, 75 ml Milch

1 Prise Salz, Mehl zum Ausrollen

Für die Füllung:

500 g Weißkohl, 1 EL Puderzucker

1 Prise grobzerstoßener Kreuzkümmel

20 g Butter, Salz, frisch gemahlener Pfeffer

5 EL Geflügelbrühe, 1 Eiweiß

Außerdem:

Fett zum Fritieren

Salatblätter zum Anrichten

1. Die Zutaten für den Teig zu einem glatten Nudelteig verarbeiten und mit Frischhaltefolie umhüllt etwa 1 Stunde ruhen lassen.

2. Weißkohl putzen und in feine Streifen schneiden. Puderzucker karamelisieren lassen und den Kreuzkümmel darin anrösten. Die Butter in kleinen Stücken einrühren und das Weißkraut darin andünsten. Mit Salz und Pfeffer würzen und die Brühe löffelweise unterrühren.

3. Den Teig dünn ausrollen. Mit einem runden Ausstecher Plätzchen mit 6 bis 7 cm Durchmesser ausstechen. Mit verquirltem Eiweiß bestreichen. Mit einem Teelöffel etwas Füllung in die Mitte geben. Halbmondförmig zusammenklappen. Die Ränder festdrücken.

4. Die Krautkrapferl im heißen Fritierfett goldbraun ausbacken und auf Küchenpapier abtropfen lassen. Auf marinierten Salatblättern anrichten.

Terlaner Weinsuppe mit Schlutzkrapferl

Für 4 Personen

Für den Nudelteig:

100 g Roggenmehl

100 g Weizenmehl

1 Ei, 1 Eigelb

1 EL Keimöl, 1 Prise Salz

Für die Füllung:

½ Zwiebel, ½ Apfel

150 g Südtiroler Speck

6–8 Walnußhälften

frisch gemahlener Pfeffer

1 EL Keimöl

1 Ei zum Bestreichen

Für die Suppe:

200 g Sahne

1 Ei, 3 Eigelbe

¼ l trockener Weißwein

½ l Hühnerbrühe

1 Msp Cayennepfeffer

etwas frisch gemahlener Piment

3 EL braune Butter (Nußbutter)

1 EL Schnittlauchstifte

1. Die Zutaten für den Teig zu einem glatten Nudelteig verkneten. Zu einer Kugel formen und mit Frischhaltefolie umhüllt 1 Stunde ruhen lassen.

2. Für die Füllung die geschälte Zwiebel, den geschälten, entkernten Apfel und den Speck in kleine Würfel schneiden. Die Walnüsse grob hacken.

3. Das Keimöl in einer beschichteten Pfanne erhitzen und die Speckwürfel darin glasig braten. Zwiebelwürfel und Walnüsse dazugeben und mit andünsten. Die Apfelwürfel untermischen und kurz durchrühren. Mit Pfeffer würzen und auf einem Sieb abtropfen lassen.

4. Den Teig auf der bemehlten Arbeitsfläche dünn ausrollen. Mit einem runden Ausstecher Plätzchen mit etwa 6 cm Durchmesser ausstechen und mit dem verquirlten Ei bestreichen.

5. Mit einem Teelöffel etwas Füllung in die Mitte der Teigplätzchen setzen. Plätzchen zusammenklappen und die Ränder gut festdrücken. Die halbmondförmigen Tascherl auf ein bemehltes Küchentuch legen und trocknen lassen, bis die Suppe fertig ist.

6. Für die Suppe die Sahne steif schlagen. Ei, Eigelb, Weißwein und Hühnerbrühe in einer Metallschüssel verquirlen und im heißen Wasserbad schaumig schlagen. Die Mischung darf aber auf keinen Fall zu heiß werden oder gar zu kochen beginnen.

7. Mit Cayennepfeffer und Piment würzen und die braune Butter und die geschlagene Sahne unterrühren. Den Topf mit dem Wasserbad von der Kochplatte ziehen und die Suppe warm halten.

8. In einem großen Topf reichlich Salzwasser zum Kochen bringen. Die Schlutzkrapferl hineingeben und etwa 4 Minuten gar ziehen lassen.

9. Die Suppe mit dem Stabmixer schaumig aufschlagen und in tiefe Teller füllen. Die Schlutzkrapferl in die Suppe geben. Weinsuppe mit Schnittlauch bestreut servieren.

Alfons Schuhbeck

So macht man Nußbutter: Butter in einem Butterpfännchen so lange bei nicht zu starker Hitze aufschäumen lassen, bis sie sich goldbraun färbt. Immer beobachten, denn die Butter darf nicht zu braun werden, sonst schmeckt sie bitter und wird schwer bekömmlich.

Gerstlsuppe

Für 4 Personen

100 g Speck, 10 g Butter

120 g Perlgraupen

⅛ l trockener Weißwein, 2 EL Wermut

½ l Hühnerbrühe

1 Zwiebel, gespickt mit 1 Lorbeerblatt und Nelken

1 Stückchen unbehandelte Zitronenschale

1 dünne Lauchstange

1 Möhre, 2 Selleriestangen

Salz, frisch gemahlener Pfeffer

frisch geriebene Muskatnuß

40 g Butter (gut gekühlt)

1 Spritzer Zitronensaft

½ Bund Schnittlauch

1. Den Speck in kleine Würfel schneiden und in der Butter glasig dünsten. Die Graupen dazugeben und kurz mit andünsten. Mit Weißwein und Wermut ablöschen, etwas einkochen lassen und die Brühe angießen. Die gespickte Zwiebel und die Zitronenschale dazugeben und 20 Minuten köcheln lassen.

2. Gemüse putzen, waschen und in kleine Würfel schneiden. Möhren- und Selleriewürfel in die Suppe geben und nach weiteren 5 Minuten die Lauchwürfel unterrühren. Wenige Minuten köcheln lassen, dann die Zwiebel und die Zitronenschale herausholen und die Suppe würzen.

3. Die Hälfte der Suppe durch ein Sieb gießen. Die kalte Butter in kleinen Flocken mit einem Stabmixer daruntermixen. Mit der restlichen Suppe vermischen und mit etwas Zitronensaft abschmecken. Mit feingeschnittenem Schnittlauch bestreuen.

Schwarzbrotknödel

Für 4 Personen

50 g Roggenmischbrot

1 EL Zwiebelwürfel, 20 g Butter

30 g gehackte Walnußkerne

75 ml Milch, 1 Ei

Salz, frisch gemahlener Pfeffer

1 Msp gemahlener Koriander

1 Msp geriebene Muskatnuß

1. Das Brot in etwa 1 cm große Würfel schneiden. Zwiebeln in 10 g Butter glasig dünsten. Walnüsse dazugeben, kurz mit rösten und unter das Brot mischen.

2. Die Milch erhitzen, mit dem Ei verquirlen und unter das Brot mischen. Mit Salz, Pfeffer, Koriander und Muskat würzen.

3. Ein Stück extrastarke Alufolie auf der glänzenden Seite mit der restlichen Butter bestreichen. Den Teig darauf verteilen und zu einer etwa 5 cm dicken Rolle formen. Mit Folie fest umhüllen und die Enden fest zusammendrehen, damit die Rolle wasserdicht ist.

4. Reichlich Wasser in einem breiten Topf erhitzen und die Knödelrolle hineinlegen. In etwa 30 Minuten gar ziehen lassen.

5. Knödelrolle aus der Folie nehmen, in Scheiben schneiden und entweder auf Mangoldgemüse anrichten oder als Beilage zu einem Braten reichen.

Alfons Schuhbeck

Die Schwarzbrotknödel schmecken auch sehr gut, wenn man sie in Scheiben geschnitten in Butter brät und mit Salat serviert.

Knödelvariationen auf gedünstetem Mangold

Für 4 Personen

Für die Kaspreßknödel:

1 altbackene Semmel, 50 ml heiße Milch

100 g Graukäse oder Almkäse

150 g gekochte, geschälte Kartoffeln

1 Ei, 1 EL gehackte Petersilie

Salz, frisch gemahlener Pfeffer

1 Msp frisch geriebene Muskatnuß

1 Msp gemahlener Kümmel

20 g Butter zum Braten

Für die Speckknödel:

4 altbackene Laugenstangen, ⅛ l heiße Milch

100 g Südtiroler Speck, ½ Zwiebel

10 g Butter, 2 Eier

2 Petersilienzweige

Salz, frisch gemahlener Pfeffer

frisch geriebene Muskatnuß

Für das Mangoldgemüse:

400 g Mangoldblätter (ca. 4 große Blätter)

20 g Puderzucker

1 Kräuterbrühwürfel (Petersilie/Knoblauch)

20 g Butter, ⅛ l Hühnerbrühe

Salz, frisch gemahlener Pfeffer

frisch geriebene Muskatnuß

1 EL geschlagene Sahne

1. Kaspreßknödel: Die Semmel in kleine Würfel schneiden und mit heißer Milch übergießen. Den Käse mit einer Gabel zerdrücken. Die Kartoffeln durch die Presse drücken und beides mit dem Ei, der Petersilie und den Semmelwürfeln vermischen. Mit Salz, Pfeffer, Muskat und Kümmel würzen. Mit einem Löffel kleine Portionen abstechen und zu fünfmarkstückgroßen Talern formen. In zerlassener Butter goldbraun braten.

2. Speckknödel: Die Laugenstangen in kleine Würfel schneiden, mit heißer Milch übergießen und zugedeckt 5 Minuten ziehen lassen. Den Speck und die geschälte Zwiebel in kleine Würfel schneiden und in Butter glasig braten. Mit den Eiern und der gehackten Petersilie unter die eingeweichten Semmeln mischen. Mit Salz, Pfeffer und Muskat würzen und zu kleinen Knödeln formen. In leicht siedendem Salzwasser 10 bis 15 Minuten gar ziehen lassen.

3. Mangoldgemüse: Die Mangoldblätter waschen, abtropfen lassen und die dicken Stiele abschneiden. Die Fäden von den Stielen abziehen. Die Stiele der Länge nach dritteln und in etwa 2 cm lange Stücke schneiden. Die Blätter in 1 cm breite Streifen schneiden.

4. Puderzucker goldbraun karamelisieren lassen. Die Mangoldstiele, den zerkleinerten Kräuterbrühwürfel und die Butter dazugeben und kurz durchrühren. Mangoldblätter hinzufügen und zusammenfallen lassen. Die Brühe angießen und das Gemüse mit Salz, Pfeffer und Muskat würzen. In wenigen Minuten bißfest garen. Zum Schluß die steifgeschlagene Sahne unterziehen.

5. Kaspreß-, Speck- und Schwarzbrotknödel (Rezept siehe Seite 91) auf dem Gemüse anrichten und sofort servieren.

Herrengröstl

Für 4 Personen

750 g kleine Kartoffeln, Salz

750 g Kalbsrücken, 350 g grüne Bohnen

400 g Möhren, 1 Zwiebel

4 EL Keimöl, frisch gemahlener Pfeffer

1 TL gehackte Bohnenkrautblätter

20 g Butter, 1 Knoblauchzehe

1 Bohnenkrautzweig, 150 ml Kalbsfond

3 EL grobgehackte Petersilie

1. Kartoffeln gründlich waschen und in Salzwasser kochen. Abgießen, auskühlen lassen und längs halbieren. Den Kalbsrücken in 2 cm große Würfel schneiden. Die Bohnen putzen und in Salzwasser bißfest garen. In Eiswasser abschrecken. Möhren schälen und Scheiben schneiden. Zwiebel schälen, halbieren und in Streifen schneiden.

2. Kartoffeln, Möhren und Zwiebeln in 2 EL Öl anbraten. Mit Salz, Pfeffer und gehacktem Bohnenkraut würzen und 10 g Butter unterrühren. Den Backofen auf 120° C vorheizen.

3. Das Fleisch mit Salz und Pfeffer würzen. Mit der ungeschälten Knoblauchzehe und dem Bohnenkraut im restlichen Öl anbraten. Wenige Minuten im Backofen fertiggaren. Mit Kalbsfond ablöschen und etwas einkochen lassen. Die Hälfte der Petersilie untermischen. Restliche Butter und etwas Wasser erhitzen und die Bohnen kurz darin schwenken. Salzen und pfeffern.

4. Fleisch mit dem Gemüse auf vorgewärmten Tellern verteilen. Das Gröstl mit der restlichen Petersilie bestreut servieren.

Grüne Nockerln

Für 4 Personen

500 g frischer Spinat, Salz

250 g gekochte, geschälte Kartoffeln

100 g Ricotta oder gut abgetropfter Quark

2 Eier, 80 g Hartweizengrieß

50 g frisch geriebener Bergkäse

20 g frisch geriebener Parmesan

Salz, frisch gemahlener Pfeffer

frisch geriebene Muskatnuß

50 g Butter, 6–8 Salbeiblätter

1. Spinat verlesen, waschen und kurz blanchieren. In einem Sieb abtropfen lassen, gut ausdrücken und fein hacken.

2. Die gekochten Kartoffeln möglichst heiß durch die Kartoffelpresse drücken. Spinat, Ricotta oder Quark, Eier, Hartweizengrieß und den geriebenen Käse dazugeben und zu einer formbaren Masse verrühren. Mit Salz, Pfeffer und Muskat würzen.

3. Reichlich Salzwasser in einem breiten Topf aufkochen. Mit zwei nassen Eßlöffeln Nockerln abstechen und im siedenden Wasser gar ziehen lassen.

4. Die Butter mit den Salbeiblättern aufschäumen. Die Nockerln gut abgetropft in die heiße Salbeibutter geben, darin schwenken und sofort servieren.

Alfons Schuhbeck

Frisch geriebenen Parmesan streut sich jeder selber nach eigenem Geschmack über die Nockerln.

Man spart viel Zeit, wenn man statt frischer Spinatblätter tiefgekühlten Spinat verwendet.

Buchweizentorte

Der Kuchen ist ausgesprochen gesund, denn in den dreikantigen Körnern stecken viele Mineralstoffe und Spurenelemente. Das Beste daran ist aber, daß er zudem köstlich schmeckt, selbst Menschen, die den kräftig aromatischen Eigenschmack des Buchweizens sonst ablehnen.

Für 1 Springform (26 cm Durchmesser)

Für den Teig:

250 g weiche Butter

250 g Zucker, 6 Eigelbe

1 Msp Vanillemark

½ TL abgeriebene Zitronenschale

1 EL Rum, 1 Prise Salz

6 Eiweiße

250 g fein gemahlenes Buchweizenmehl

250 g geriebene Mandeln

10 g Butter und Mehl für die Form

200 g Preiselbeerkonfitüre

Für den Krokant:

150 g gehackte Mandeln

80 g Buchweizenflocken

80 g Puderzucker

1. Backofen auf 190° C vorheizen. Butter mit 150 g Zucker cremig rühren. Nach und nach Eigelb, Vanillemark, Zitronenschale, Rum und Salz dazugeben.

2. Eiweiß mit dem restlichen Zucker zu sehr steifem Schnee schlagen. Auf die Eigelbmasse häufen und das Buchweizenmehl und die Mandeln darauf verteilen. Alles locker miteinander vermischen.

3. Teig in die gefettete und bemehlte Springform füllen und im Backofen etwa 1 Stunde backen. Auf einem Kuchengitter abkühlen lassen.

4. Torte mit einem Sägemesser in drei gleich dicke Böden schneiden. Jeden Boden mit je einem Drittel der Preiselbeerkonfitüre bestreichen und die Torte wieder zusammensetzen.

5. Für den Krokant Mandeln, Buchweizenflocken mit etwas Puderzucker in eine Pfanne geben und unter Rühren erhitzen. Sobald der Puderzucker zu schmelzen beginnt, nach und nach unter Rühren den restlichen Puderzucker dazugeben und goldbraun werden lassen. Krokantmasse auf Alufolie stürzen, abkühlen lassen und zerstoßen.

6. Den Rand des Kuchens rundherum mit Konfitüre bestreichen und mit dem Krokant bestreuen. Die Buchweizentorte mit Puderzucker bestäuben.

Alfons Schuhbeck

Am besten schmeckt der „Schwarzplentenkuchen", so heißt Buchweizenkuchen in Südtirol, mit geschlagener Sahne.

Preiselbeeren harmonieren besonders gut mit dem würzigen Buchweizengeschmack, aber auch Johannisbeer- oder Sauerkirschkonfitüre eignen sich prima zum Füllen.

Die Südtiroler backen und kochen gerne mit Buchweizenmehl oder -schrot. Außer diesem Kuchen bereitet man dort auch Schmarren oder Knödel daraus zu.

Toskana

Das Geheimnis der Toskana-Küche: aromatische Kräuter, frisches Gemüse, bestes Fleisch – ohne Schnickschnack zubereitet.

Die Toskana ist sicherlich nicht die klassischste aller italienischen Regionen, aber mit weitem Abstand die bei uns bekannteste und beliebteste. Wer geriete nicht ins Schwärmen angesichts der Bilderbuchlandschaft mit den sanften Hügeln, durchsetzt von schlanken Zypressen. So unterschiedlich wie die Landschaft – weite Täler und fruchtbarer Boden, düstere Wälder und weite Olivenhaine –, so unterschiedlich ist auch die Küche der Toskana. Sie reicht von anspruchsvoller Einfachheit bis hin zur deftigen Bauernküche. Die toskanische Küche ist keine Küche der Raffinesse – sie begeistert durch die Qualität der dort erzeugten Produkte.

Eine „Bistecca alla fiorentina", auf dem Holzkohlengrill zubereitet, schmeckt eben nur richtig original toskanisch, wenn sie vom herrlichen Fleisch der weißen Chianina-Rinder aus dem Chianatal kommt und mit frisch-fruchtigem, bestem Olivenöl aus der Toskana beträufelt wird. Ein einfaches Rezept, und dennoch so schwierig nachzukochen.

Ein fester Bestandteil der Toskana-Küche ist das ungesalzene Weißbrot mit harter Kruste und fester Krume. Es darf bei keinem Essen fehlen. Vorweg stillt man den ersten Hunger damit, indem man es mit feinem Olivenöl beträufelt, beim Hauptgang tunkt man die Sauce damit auf. Das Brot übernimmt in der Toskana die Stelle der Pasta. In keiner anderen italienischen Region spielt die Pasta eine so geringe Rolle wie hier.

Wenn die kalten Winde im Spätherbst über die Hügel pfeifen, kommen heißdampfende Suppen auf den Tisch: Minestrone aus den unterschiedlichsten Gemüsearten oder eine üppige Bohnensuppe aus weißen Bohnen, die „Ribollita", die mit Brot und Käse überbacken wird. Bohnen, sowohl die frischen jungen Bohnen wie auch die Bohnenkerne, die „Fagioli", sind ein typisches toskanisches Gemüse. Ein berühmtes Gericht daraus sind „Fagioli al fiasco": weiße Bohnenkerne in einer Chiantiflasche mit Salbeiblättern, Olivenöl und Wasser auf dem heruntergebrannten Holzkohlenfeuer gegart.

Gern gegessen werden die wilden Kaninchen, die mit aromatischen Kräutern geschmort ein schmackhafter und kalorienarmer Genuß sind. Neben Thymian und Rosmarin würzt man in der Toskana viel mit Fenchel, sei es als Samen oder wildes Fenchelgrün.

Crostini mit Tomaten

Für 4 Personen

5 vollreife, feste Tomaten

1 kleine Zwiebel

Salz, frisch gemahlener Pfeffer

1 EL Aceto Balsamico

2 EL Olivenöl (extra virgen)

1 EL Basilico-Öl

6–8 Basilikumblätter

einige Scheiben Toskana-Brot

1. Die Tomaten waschen, halbieren und entkernen. Das Fruchtfleisch in kleine Würfel schneiden. Zwiebel schälen und fein würfeln. Tomaten und Zwiebeln vermischen und mit Salz, Pfeffer und Essig würzen. Mit dem Oliven- und Basilikumöl sowie den in feine Streifen geschnittenen Basilikumblättern vermischen.

2. Das Toskana-Brot rösten. Die Scheiben vierteln oder in mundgerechte Stücke schneiden. Kurz vor dem Servieren mit der Tomatenmischung belegen.

Alfons Schuhbeck

Es gibt zahlreiche Crostini-Variationen. Die einfachste ist die Bruschetta, deren Geschmack einzig und allein von der Qualität des Olivenöls abhängt. Es muß natürlich kaltgepreßt und so frisch wie möglich sein.

Die Zubereitung ist denkbar einfach: Ungesalzenes Toskana-Brot im Toaster rösten, mit den Schnittflächen einer halbierten Knoblauchzehe einreiben oder, wenn man es intensiver möchte, den Knoblauch darüberpressen und das Brot mit bestem Olivenöl beträufeln.

Crostini mit Artischocken

Für 6–8 Personen

1 Zwiebel

5 mittelgroße Artischocken

2 EL Zitronensaft

3 EL Olivenöl (extra virgen)

Salz, frisch gemahlener Pfeffer

150 g schwarze, entkernte Oliven

1 EL Ricotta, ½ TL kleine Kapern

einige Scheiben Toskana-Brot

2 EL Petersilienblätter

1. Zwiebel schälen und in kleine Würfel schneiden. Artischocken putzen, dabei die harten Blätter abschneiden und den Boden freilegen. Das Heu mit einem Kugelausstecher entfernen und die Böden in eine Schüssel mit Wasser und Zitronensaft legen.

2. Zwei Artischockenböden in Würfel schneiden. 2 EL Olivenöl erhitzen und die Artischockenwürfel darin anbraten. 100 g grobgehackte Oliven dazugeben, salzen und pfeffern und unter Schwenken der Pfanne garen.

3. Die Artischockenmischung mit dem Ricotta im Mixer fein pürieren. Die Kapern untermischen und die Paste mit Salz und Pfeffer würzen.

4. Die übrigen Artischockenböden in feine Streifen schneiden. Restliches Olivenöl erhitzen. Die Artischockenstreifen darin bei starker Hitze goldbraun braten. Auf einem Sieb abtropfen lassen. Die restlichen Oliven in Würfel schneiden und mit den Artischockenstreifen vermischen. Salzen und pfeffern.

5. Die Brotscheiben rösten und mit der Artischocken-Oliven-Paste bestreichen. In mundgerechte Stücke schneiden, mit den kleingeschnittenen Artischocken und Oliven bestreuen. Mit Petersilie garniert servieren.

Crostini mit Bohnencreme

Für 4–6 Personen

400 g gekochte weiße Bohnenkerne (aus der Dose)

100 g Ricotta, 1 TL Kapern

2 Sardellenfilets

2 frische Bohnenkrautzweige

Salz, frisch gemahlener Pfeffer

Cayennepfeffer

2 EL Zitronensaft

4 EL Olivenöl (extra virgen)

einige Scheiben Toskana-Brot

1. Bohnen in einem Sieb gut abtropfen lassen. Mit dem Ricotta im Mixer fein pürieren.

2. Die Masse durch ein Sieb streichen. Kapern, Sardellenfilets und die Bohnenkrautblättchen mit einem großen Messer fein hacken und unter das Bohnenmus mischen. Bohnenmus mit Salz, Pfeffer, Cayennepfeffer und Zitronensaft würzen und das Olivenöl unterrühren.

3. Die Brotscheiben rösten und mit den Schnittflächen einer Knoblauchzehe einreiben. In mundgerechte Stücke schneiden und dick mit dem Bohnenmus bestreichen.

Alfons Schuhbeck

Garnieren Sie die Crostini unterschiedlich, z. B. mit Tomatenwürfeln, gerösteten Pinienkernen, Petersilie, Kapern oder Olivenscheiben.

Das Bohnenmus schmeckt auch sehr gut auf geröstetem Bauernbrot.

Crostini mit Zucchini

Für 4–6 Personen

4 kleine Zucchini (ca. 400 g)

2 EL Olivenöl (extra virgen)

1 Knoblauchzehe

1 Thymianzweig

Salz, frisch gemahlener Pfeffer

1–2 EL Zitronensaft

200 g Tiefseegarnelen

1 Petersilienzweig, 2 Basilikumzweige

einige Scheiben Toskana-Brot

1. Die Zucchini waschen und der Länge nach in dünne Scheiben schneiden. Erst längs in schmale Streifen, dann quer in winzige Würfel schneiden.

2. Olivenöl mit der ungeschälten Knoblauchzehe und dem Thymian erhitzen und die Zucchiniwürfel darin goldgelb braten. Mit Salz, Pfeffer und Zitronensaft würzen.

3. Die Garnelen dazugeben. Die Kräuterblättchen fein schneiden und untermischen. Brotscheiben rösten, in mundgerechte Stücke schneiden und die Zucchinimischung darauf verteilen.

Alfons Schuhbeck

Natürlich kann man auch französisches Stangenweißbrot rösten und belegen – aber echt toskanisch sind Crostini nur mit den großen Toskana-Brotscheiben.

Wer nicht auf Kalorien achten muß, röstet die Brotscheiben in heißem Olivenöl.

Crostini mit Geflügelleber

Für 6–8 Personen

400 g Geflügelleber

1 kleine Zwiebel, 1 Knoblauchzehe

1 kleiner Apfel

5–6 EL Olivenöl (extra virgen)

1 TL abgezupfte Thymianblätter

½ TL frische, gehackte Majoranblätter

Salz, frisch gemahlener Pfeffer

2 EL Madeira

einige Scheiben Toskana-Brot

1. Lebern säubern, waschen, trockentupfen und in sehr kleine Würfel schneiden. Zwiebel, Knoblauch und Apfel schälen und fein würfeln.

2. In einer Pfanne 2 EL Öl erhitzen und die Zwiebel-, Knoblauch- und Apfelwürfel darin anbraten. Herausnehmen und einen weiteren Eßlöffel Öl in der Pfanne erhitzen. Die Leberstücke darin anbraten, mit Thymian, Majoran, Salz und Pfeffer würzen. Den Madeira unterrühren und einkochen lassen.

3. Die Brotscheiben im restlichen Olivenöl rösten, und die Lebermasse darauf verteilen.

Alfons Schuhbeck

Toskana-Brote sind längliche Weißbrotlaibe mit einer goldbraunen Kruste und einer feinen, nicht zu großporigen Krume. Das Besondere an diesem Brot ist, daß es ungesalzen ist. Trocken gegessen ist es daher für unseren Geschmack etwas ungewöhnlich. Zum Auftunken der würzigen Toskana-Gerichte oder auch als Unterlage würziger Beläge, z.B. bei Crostini, ist es allerdings ideal. Bei uns angebotene Toskana-Brote sind fast immer ein wenig gesalzen. Wenn Sie kein Toskana-Brot bekommen, nehmen Sie statt dessen ein helles Mischbrot.

Gebratenes Schweinekarree auf toskanische Art (Foto rechts)

Für 4 Personen

1 kg Schweinekotelett am Stück (mit Knochen)

Salz, frisch gemahlener Pfeffer

1 Zwiebel

2–3 Knoblauchzehen

1 Bund Petersilie

2 Oreganozweige, 3 Thymianzweige

1 Rosmarinzweig, 4 Salbeiblätter

4 EL Olivenöl (extra virgen)

¼ l trockener Weißwein

1. Das Fleisch waschen, trockentupfen und mit Salz und Pfeffer einreiben. Den Backofen auf 200° C vorheizen.

2. Zwiebel und Knoblauch schälen und in sehr kleine Würfel schneiden. Die Kräuter fein hacken und alles mit 2 EL Öl zu einer Paste verrühren. Das Fleisch rundherum mit der Paste bestreichen. Das restliche Öl in einem Bräter erhitzen und das Fleisch darin rundherum bei mittlerer Hitze anbraten. Das Schweinekarree im heißen Backofen in etwa 2 Stunden knusprig braten.

3. Nach etwa 30 Minuten den Bratensatz mit Wein ablöschen und das Fleisch gelegentlich mit dem Bratenfond begießen.

4. Das Fleisch vor dem Anschneiden kurz ruhen lassen. Dann in Scheiben schneiden und mit dem Bratensaft begießen.

Alfons Schuhbeck

Noch saftiger bleibt das Fleisch, wenn man es zum Braten mit Scheiben von durchwachsenem Schweinebauch umhüllt.

Geschmorte Kaninchenkeulen mit Zucchini-Tomaten-Gemüse

Für 4 Personen

4 Kaninchenkeulen, Salz

frisch gemahlener Pfeffer, 2 Zwiebeln

1 kleine Möhre, 80 g Knollensellerie

10 EL Olivenöl (extra virgen)

1 TL grob zerstoßener Pfeffer

1 kräftige Prise Fenchelsamen

80 ml Chianti, ⅛ l Hühnerbrühe

1 großer Thymianzweig

500 g möglichst kleine Zucchini

6 große Tomaten, 1 kleine Knoblauchzehe

6–8 feingeschnittene Basilikumblätter

2 EL Basilico-Öl

1. Kaninchenkeulen mit Salz und Pfeffer würzen. Zwiebeln, Möhre und Knollensellerie schälen und in Würfel schneiden. Backofen auf 160° C vorheizen.

2. In einem Bratentopf 4 EL Olivenöl erhitzen und die Keulen darin rundherum anbraten. Herausnehmen und warm halten. 4 EL Olivenöl hinzufügen, Gemüse und Gewürze darin anbraten. Mit Wein ablöschen und etwas einkochen lassen. Die Brühe angießen, und den Thymian zufügen. Die Keulen auf das Gemüse geben und zugedeckt im heißen Backofen in etwa 20 Minuten garen.

3. Zucchini in Scheiben schneiden. Tomaten häuten, vierteln und entkernen. Knoblauch schälen und fein zerdrücken. Zucchini im restlichen Öl anbraten, Knoblauch und Tomaten dazugeben, salzen, pfeffern und wenige Minuten dünsten. Basilikumblätter und das Basilico-Öl untermischen.

4. Keulen warm stellen, die Sauce passieren und aufkochen. Die Keulen mit Gemüse und Sauce servieren.

Ribollita

Für 4 Personen

400 g mehligkochende Kartoffeln

500 g verschiedene Gemüsesorten, je nach Jahreszeit

1 Zwiebel, 3 Knoblauchzehen

8 EL Olivenöl (extra virgen)

1 Lorbeerblatt, 1 Thymianzweig

Salz, frisch gemahlener Pfeffer

¾ l Hühnerbrühe

8 kleine Weißbrotscheiben

250 g gekochte weiße Bohnen (aus der Dose)

200 g Tomatenpüree

150 g Weißbrotbrösel, 2 EL gehackte Kräuter

1. Kartoffeln und Gemüse waschen, schälen und in kleine Würfel schneiden. Zwiebel und 2 Knoblauchzehen schälen, fein würfeln und in 4 EL Olivenöl glasig dünsten. Kartoffeln und Gemüse dazugeben und mit andünsten. Lorbeerblatt und Thymian dazugeben, die Brühe angießen und 20 Minuten köcheln lassen.

2. Die Weißbrotscheiben in 2 EL Olivenöl mit der restlichen geschälten Knoblauchzehe goldbraun rösten.

3. Die Bohnen und das Tomatenpüree unter die Suppe rühren und einige Minuten köcheln lassen. Den Backofengrill einschalten.

4. Die Suppe in feuerfeste Tassen füllen. Brösel und Kräuter vermischen, darüberstreuen und mit restlichem Olivenöl beträufeln. Unter dem Grill kurz überbacken und mit den gerösteten Brotscheiben servieren.

Kastanienfladen

Für 4 Personen

150 g Kastanienmehl (aus dem Reformhaus)

100 g Weizenmehl

20 g frische Hefe, ca. 200 ml lauwarmes Wasser

1 Prise Zucker

Salz, 5 EL Olivenöl (extra virgen)

80 g Haselnüsse, 2 EL Rosinen

2–3 EL frische Rosmarinnadeln

1 Eigelb, grobes Meersalz

1. Beide Mehle in einer Schüssel vermischen. In die Mitte eine Mulde drücken und die Hefe hineinbröckeln. Mit etwas lauwarmem Wasser verrühren, mit Zucker bestreuen und 15 Minuten aufgehen lassen.

2. Salz und 3 EL Olivenöl dazugeben und alles zu einem glatten Teig verkneten. Zugedeckt an einem warmen Platz 30 bis 40 Minuten aufgehen lassen.

3. Den Backofen auf 220° C vorheizen. Die Haselnußkerne in einer Pfanne ohne Fett goldbraun rösten. Nach dem Abkühlen grob hacken.

4. Den Teig noch einmal kurz durchkneten, dabei die Hälfte der Haselnüsse, die Rosinen und 1 EL gehackte Rosmarinnadeln untermischen. Den Teig knapp 1 cm dick ausrollen, auf ein geöltes Backblech legen. Mit den Fingerkuppen in Form drücken. Restliches Olivenöl mit dem Eigelb verquirlen und den Fladen damit bestreichen. Mit den restlichen Nüssen und Rosmarinnadeln sowie dem Salz bestreuen.

5. Im Backofen in etwa 15 bis 20 Minuten goldbraun backen. In Stücke schneiden und mit Frischkäse oder Gorgonzola und einem Glas Chianti servieren.

Toskaner Bauerntopf

Für 4 Personen

600 g Wildschweinrücken (ohne Knochen)

4–5 EL Olivenöl (extra virgen)

Salz, frisch gemahlener Pfeffer

1 Knoblauchzehe

1 Lorbeerblatt, 5 Wacholderbeeren

500 g Kartoffeln, 6 Salbeiblätter

1 Rosmarinzweig, ½ Peperoncino

600 ml Fleischbrühe

4 frische, ausgelöste Artischockenböden

200 g Steinpilze, 150 g gekochte Bohnenkerne

50 g Butter, 1 EL Puderzucker

250 g geschälte, gekochte Maronen (Eßkastanien)

1. Wildschweinrücken mit Salz und Pfeffer einreiben. 2 EL Öl in einem Bräter erhitzen und das Fleisch mit der ungeschälten Knoblauchzehe, dem Lorbeerblatt und den Wacholderbeeren darin anbraten. Backofen auf 120° C vorheizen. Das Fleisch auf eine feuerfeste Platte legen und im Backofen in etwa 20 Minuten fertigbraten.

2. Kartoffeln schälen und in Würfel schneiden. 2 EL Olivenöl in den Bräter geben und die Kartoffeln darin anbraten. Die Gewürze dazugeben und die Fleischbrühe angießen. Kartoffeln zugedeckt garen.

3. Artischockenböden in Würfel, die geputzten Steinpilze in Scheiben schneiden. Nacheinander in wenig Öl anbraten, mit den Bohnen unter die Kartoffeln mischen und kurz köcheln lassen. Butter und Puderzucker karamelisieren lassen und die Maronen kurz darin schwenken.

4. Den Eintopf auf tiefe Teller geben, jeweils eine Scheibe Fleisch darauf legen. Die Maronen zum Bauerntopf servieren.

Vin-Santo-Zabaione (Foto rechts)

Vin Santo, der heilige Wein, ist ein aus getrockneten Trauben hergestellter Süßwein. Dafür werden die Trauben auf Strohmatten getrocknet und erst zu Ostern vinifiziert. Nach längerer Gärung reifen die Weine in kleinen Holzfässern, bis sie goldgelb sind und eine komplexe Süße haben. Man genießt Vin Santo entweder als Aperitif, zu Käse oder mit knusprigen Biscotti, die man in den Wein taucht, bis sie sich vollgesaugt haben. Auch eine Zabaione schmeckt daraus zubereitet köstlich.

Für 4 Personen

¼ l Vin Santo

3 Eigelbe, 40 g Puderzucker

1 Msp abgeriebene unbehandelte Orangenschale

1 Msp Vanillemark

1. Vin Santo mit Eigelb, Puderzucker, Orangenschale und Vanillemark in eine Rührschüssel aus Metall geben und über einem leicht siedenden Wasserbad mit dem Schneebesen so lange aufschlagen, bis ein feinporiger, fester Schaum entsteht. Das Volumen der Masse muß sich verdoppelt haben. Darauf achten, daß das Wasser auf keinen Fall kocht.

2. Sobald die Masse dickschaumig ist, entweder heiß servieren oder über einer Schüssel mit Eiswasser so lange schlagen, bis die Creme abgekühlt ist. In Schalen füllen und mit Amaretti servieren.

Alfons Schuhbeck

In vielen europäischen Regionen liebt man süßen, aufgeschlagenen Weinschaum. Er heißt zwar überall ein wenig anders, aber im Prinzip ist es immer das gleiche. Statt mit Vin Santo kann man die Creme daher auch mit Marsala, Portwein, edelsüßem Wein oder Sherry zubereiten. Lediglich die Zuckermenge variiert etwas, je nach Süße des verwendeten Weins.

Ungarn

Gut und üppig essen und trinken, dazu Zigeunermusik – das ist ungarische Lebensfreude.

Ungarn ist ein Land, in dem immer schon gerne und gut gegessen wurde, trotz der oftmals trostlosen Bedingungen während des Kommunismus. Die Menschen haben es verstanden, aus den Lebensmitteln, die sie selber anbauen oder herstellen, schmackhafte Gerichte zuzubereiten. Die ungarische Küche ist eine einfache Bauernküche, bei der mit Fett nicht gespart wird. Wer ein Fleckchen Land besaß, hielt sich nicht nur ein Schwein, sondern vor allem Hühner, Enten und Gänse. Deshalb mangelte es nie an Schweine- oder Gänseschmalz. Das Fleisch des vielbesungenen Borstenviehs wandert aber nicht nur in den Bratentopf, sondern man macht würzigen Paprikaspeck oder herzhafte Salamiwürste daraus, die heute weit über die Grenzen Ungarns hinaus bekannt sind und geschätzt werden. Die Ungarn lieben Fleisch, und am liebsten bereiten sie ein „Pörkölt“ daraus zu. Dafür werden Fleisch, Zwiebeln und reichlich Paprikagewürz bei sanfter Temperatur lange geschmort – das ist das Geschmacksgeheimnis!

Begünstigt durch das Klima gedeihen in Ungarn auch viele Gemüsesorten wie Tomaten, Kürbis, Kraut, Gurken, Bohnen und natürlich besonders aromatische Paprikaschoten und Peperoni. Da man aber nicht alles frisch verzehren konnte, pflegte man eine intensive Vorratshaltung. Frisch geerntete Gurken beispielsweise werden auch heute noch mit viel Salz und Essig für den Winter haltbar gemacht. Diese „Salzgurken“ mischt man gerne als zusätzliche Würze unter die „Pörkölts“ oder „Paprikás“.

Die vollreifen Paprikaschoten wurden in der heißen Sonne getrocknet und anschließend fein gemahlen. So wurden die Ungarn zu den Erfindern des Paprikapulvers. Heute ist Ungarn noch immer weltweit das Land mit der größten Paprikaproduktion. Die Ungarn verkaufen das feurige Pulver aber nicht nur, sie würzen selbst viele Gerichte und zahlreiche Wurstwaren damit.

Vieles haben die böhmische, die österreichische und die ungarische Küche gemeinsam, nur die Liebe zu Knödeln teilen die Ungarn nicht. Sie bevorzugen Nockerln aus Grieß oder Mehl.

Einig sind sich aber alle Völker der ehemaligen Donaumonarchie, wenn es um süße Mehlspeisen geht. Das beliebteste ungarische Dessert sind Palatschinken (palacsinta): hauchdünne Eierkuchen gefüllt mit geriebenen Nüssen, Schokolade oder einer Quarkcreme, und nicht selten – damit sich die „Sünde“ auch lohnt – werden sie mit Eiersahne oder Eiermilch übergossen und überbacken.

Gefüllte Gänsekeulen

Für 4 Personen

4 Gänsekeulen

5–6 Knoblauchzehen, Salz

1 EL frisch geriebener Ingwer, 1 EL Zitronensaft

frisch gemahlener Pfeffer

1 Zwiebel, 1 kleiner Apfel, 2 EL Keimöl

je 1 Beifuß- und 1 Majoranzweig

2 Petersilienzweige

ca. ¼ l Hühnerbrühe

1. Die Gänsekeulen waschen und trockentupfen. Knoblauchzehen schälen, mit einem großen Messer fein zerdrücken und mit Salz, Ingwer und Zitronensaft zu einer Paste verrühren.

2. Die Haut der Gänsekeulen lösen und die Knoblauch-Ingwer-Paste unter die Haut streichen. Die Keulen mit Salz und Pfeffer einreiben. Die Zwiebel und den Apfel schälen. Den Apfel halbieren und entkernen. Zwiebel in Würfel, Apfel in Spalten schneiden. Den Backofen auf 160° C vorheizen.

3. Die Keulen im heißen Öl anbraten. Zwiebelwürfel und Apfelspalten dazugeben. Die Kräuter hinzufügen und die Hälfte der Brühe angießen. Zugedeckt im Backofen etwa 1 ½ Stunden braten. Den Deckel abnehmen, die Keulen mit der restlichen Brühe begießen und eine weitere Stunde bräunen lassen. Gelegentlich mit etwas Bratensaft begießen.

4. Die Keulen herausnehmen und mit Alufolie abgedeckt warm halten. Den Bratenfond entfetten und durch ein Sieb passieren. Noch einmal kurz kochen lassen. Die Gänsekeulen auf vorgewärmten Tellern anrichten und mit der Sauce servieren.

Pörkölt

Wie gut das Pörkölt schmeckt, hängt von der Qualität des Fleisches ab. Bevorzugen Sie marmoriertes Ochsenfleisch, es hat mehr Aroma und sorgt für eine kräftige Sauce. Wichtig ist aber auch, daß das Paprikapulver frisch und aromatisch ist. Achten Sie auf das Haltbarkeitsdatum auf der Packung.

Für 4 Personen

750 g Zwiebeln

5 EL Keimöl

1 EL Tomatenmark, Salz

2–3 EL Paprikapulver (edelsüß)

1 Prise Cayennepfeffer

1 TL Weißweinessig

½ l Wasser

750 g Rinderwade

2 Knoblauchzehen

1 TL Kümmel

1 TL gerebelter Majoran

1 Stückchen Zitronenschale (unbehandelt)

frisch gemahlener Pfeffer

1. Die Zwiebeln schälen, halbieren und in Würfel schneiden. Das Öl in einem Schmortopf erhitzen und die Zwiebelwürfel darin glasig dünsten. Das Tomatenmark unterrühren und kurz mit dünsten. Salzen, mit Paprika und Cayennepfeffer würzen und mit Essig ablöschen. Etwas einkochen lassen und das Wasser angießen. Die Zwiebeln bei sanfter Hitze köcheln lassen, bis sie weich sind. Die Sauce durch ein Sieb passieren.

2. Das Rindfleisch in etwa 3 cm große Würfel schneiden. Die Knoblauchzehen schälen und mit Kümmel, Majoran und Zitronenschale im Mörser zu einer feinen Paste zerreiben.

3. Die Fleischwürfel mit Salz und Pfeffer würzen und mit der Würzpaste unter die Zwiebelsauce mischen. Zugedeckt bei schwacher Hitze 2 ½ Stunden schmoren. Falls nötig, noch etwas Wasser nachgießen.

Alfons Schuhbeck

Die Ungarn lieben zwiebelreiche, mit Paprika gewürzte Fleischspeisen, die bei uns fälschlicherweise unter dem Begriff „Gulasch“ zusammengefaßt werden.

Bestellt man jedoch in Ungarn „Gulyas“, dann bekommt man in einem kleinen Kessel eine rötlich schimmernde, dicke, scharfe Suppe, die aus Zwiebeln, Paprika, Rindfleisch und Kartoffeln gekocht wird. Meist wird sie mit kleinen Mehlnockerln als Einlage serviert. Andere Fleischsorten oder die Zugabe von Mehl oder Sahne sind tabu.

Das, was wir als Gulasch bezeichnen, heißt im Original Pörkölt. Pörkölt ist ein Schmorgericht aus Zwiebeln, Paprika und größeren Fleischwürfeln, wahlweise aus Rindfleisch, Kalb, Lamm, Huhn, Karpfen oder Zander.

„Paprikás“ hingegen sind geschmorte Würfel von Kalb, Huhn, Zander oder Karpfen, die im Unterschied zum Pörkölt mit viel saurer Sahne zubereitet werden. Mit saurer Sahne verfeinert man in Ungarn viele Speisen.

Wenn Sie original ungarische Mehlnockerln als Beilage servieren wollen, bereiten Sie eine Art Spätzleteig aus 300 g Mehl, 2 EL Keimöl, 75 ml Milch und etwas Salz zu. Den Teig auf ein Brett geben und dicke Streifen davon ins kochende Wasser schaben. Sobald die Nockerln oben schwimmen, mit dem Schaumlöffel herausheben und gut abgetropft in Butter schwenken.

Gulasch schmeckt aber auch mit Grießnockerln, Nudeln, frischen Semmeln oder Salzkartoffeln.

Lecsó mit Salami

Für 8 Personen

Für das Lecsó:

500 g Zwiebeln, 500 g rote Paprikaschoten

500 g Tomaten, 3 EL Keimöl

½ Kräuterbrühwürfel (Petersilie/Knoblauch)

1 TL Rosenpaprika (scharf)

ca. ⅛ l Gemüsebrühe

Salz

Außerdem:

200 g ungarische Salami

2 kleine ungarische Paprikawürste

1 EL frische, gehackte Petersilie

1. Zwiebeln schälen und in feine Ringe schneiden. Die Paprikaschoten waschen, halbieren, die Stielansätze und die Trennwände entfernen. Die Hälften in feine Streifen schneiden. Tomaten kurz überbrühen, häuten, vierteln und entkernen.

2. Das Öl erhitzen und die Zwiebeln darin andünsten. Den zerkleinerten Kräuterbrühwürfel und das Paprikapulver kurz mit andünsten. Paprikastreifen und Tomaten dazugeben. Die Gemüsebrühe angießen, salzen und das Gemüse zugedeckt etwa 20 Minuten garen.

3. Die Salami in dickere Scheiben schneiden und die Scheiben vierteln. Die Paprikawürste in Scheiben schneiden. Beides unter das Lecsó mischen. Einige Minuten durchziehen lassen und mit Petersilie bestreuen.

Lecsó mit Zander

Für 4 Personen

Für das Lecsó:

500 g Zwiebeln, 500 g rote Paprikaschoten

500 g Tomaten, 3 EL Keimöl

½ Kräuterbrühwürfel (Petersilie/Knoblauch)

1 TL Rosenpaprika (scharf)

ca. ⅛ l Gemüsebrühe, Salz

Außerdem:

700 g Zanderfilet ohne Haut

2 EL Zitronensaft

Salz, frisch gemahlener Pfeffer

100 g saure Sahne

1 EL frische, gehackte Petersilie

1. Zwiebeln schälen und in feine Ringe schneiden. Die Paprikaschoten waschen, halbieren, die Stielansätze und die Trennwände entfernen. Die Hälften in feine Streifen schneiden. Tomaten kurz überbrühen, häuten, vierteln und entkernen.

2. Das Öl erhitzen und die Zwiebeln darin andünsten. Den zerkleinerten Kräuterbrühwürfel und das Paprikapulver kurz mit andünsten, dann die Paprikastreifen und die Tomaten dazugeben. Die Gemüsebrühe angießen, salzen und das Gemüse zugedeckt etwa 20 Minuten garen.

3. Das Zanderfilet waschen, trockentupfen und in 3 cm große Würfel schneiden. Mit Zitronensaft beträufeln und mit Salz und Pfeffer würzen.

4. Die Fischwürfel unter das Lecsó mischen und zugedeckt bei schwacher Hitze 5 bis 6 Minuten ziehen lassen. Die saure Sahne unterrühren, kurz erhitzen und mit Petersilie bestreuen.

Paprikás mit Putenfleisch

Für 4 Personen

2 rote Paprikaschoten, 6 Tomaten

2 Zwiebeln, 1 Knoblauchzehe

80 g Butter

1 EL Tomatenmark, Salz

1 EL Paprikapulver (edelsüß)

1 Prise Cayennepfeffer

½ l Hühnerbrühe

1,2 kg Putenfleisch

frisch gemahlener Pfeffer

1 EL Keimöl

125 g saure Sahne

1 EL gehackte Petersilie

1. Paprikaschoten waschen, Stielansätze und Trennwände entfernen. Die Hälften in kleine Würfel schneiden.

2. Tomaten kurz überbrühen, häuten, halbieren und entkernen. Zwiebeln und Knoblauch schälen, in Würfel schneiden und in 30 g Butter andünsten. Drei Viertel der Paprikawürfel und die Tomaten dazugeben, mit andünsten und das Tomatenmark unterrühren. Salzen, mit Paprika und Cayennepfeffer würzen und die Brühe angießen. Die Sauce bei schwacher Hitze 15 Minuten köcheln lassen, dann durch ein Sieb passieren.

3. Das Putenfleisch in 2 cm große Würfel schneiden und mit Salz und Pfeffer würzen. 30 g Butter und das Öl in einer Pfanne erhitzen. Das Fleisch darin anbraten. Fleisch in die Paprikasauce geben und in 3 bis 4 Minuten gar ziehen lassen.

4. Restliche Paprikawürfel in der übrigen Butter andünsten und mit der sauren Sahne und der Petersilie unter das Paprikás rühren.

Szegediner Gulasch

Für 4 Personen

2 Knoblauchzehen, 1 TL Kümmel

1 rote Paprikaschote

1 mittelgroße mehligkochende Kartoffel

600 g Schweineschulter

3 Zwiebeln, 1 Lorbeerblatt

Salz, frisch gemahlener Pfeffer

3 EL Keimöl, 1 EL Tomatenmark

1 EL Paprikapulver (edelsüß)

1 Prise Cayennepfeffer

¾ l Hühnerbrühe

250 g Sauerkraut, 125 g saure Sahne

1 EL gehackte Petersilie

1. Knoblauchzehen schälen und mit dem Kümmel fein hacken. Paprikaschote waschen, Stielansätze und Trennwände entfernen. Kartoffel schälen. Paprika und Kartoffel in kleine Würfel schneiden.

2. Das Fleisch waschen, trockentupfen und in 3 cm große Würfel schneiden. Salzen und pfeffern. Die Zwiebeln schälen, fein würfeln und mit dem Lorbeerblatt im erhitzten Öl andünsten. Die Fleischwürfel zufügen und mit andünsten. Das Tomatenmark unterrühren. Mit Paprika und Cayennepfeffer würzen. Die Hühnerbrühe angießen und alles etwa 45 Minuten köcheln lassen.

3. Das Sauerkraut kleinschneiden und mit Knoblauch und Kümmel unter das Fleisch mischen. Zugedeckt bei schwacher Hitze weitere 45 Minuten köcheln lassen.

4. Zum Schluß die saure Sahne unterrühren und das Gulasch nicht mehr kochen lassen. Mit Petersilie bestreuen.

Palatschinken mit Schokolade-Haselnuß-Füllung

Für 4 Personen

Für den Teig:

3 Eier, 230 ml Milch, 50 g flüssige Butter

1 Prise Salz, 100 g Mehl

Keimöl und Butter zum Braten

Für die Füllung:

200 g Sahne

50 g gute Zartbitterschokolade

je 50 g gemahlene und gehackte Haselnüsse

2 EL Cognac

4 Kugeln Vanilleeis

1. Eier, Milch, Butter, Salz und Mehl zu einem glatten Pfannkuchenteig verrühren, durch ein Sieb streichen und 30 Minuten ruhen lassen.

2. In einer beschichteten Pfanne jeweils etwas Öl und Butter erhitzen und nacheinander 8 dünne Palatschinken (Pfannkuchen) backen.

3. Die Sahne erhitzen und die in Stückchen gebrochene Schokolade darin schmelzen. Unter Rühren einige Minuten kochen lassen. Von der Kochplatte nehmen. Die Nüsse und den Cognac unterrühren.

4. Die Schokoladensahne auf die Palatschinken streichen. Palatschinken aufrollen und mit Vanilleeis anrichten. Eventuell mit flüssiger Schokolade beträufeln.

Palatschinken mit Sauerkirschen gefüllt

Für 4 Personen

Für den Teig:

3 Eier, 230 ml Milch, 50 g flüssige Butter

1 Prise Salz, 100 g Mehl

Keimöl und Butter zum Braten

Für die Füllung:

250 g Sauerkirschen, ⅛ l gehaltvoller Rotwein

100 g Zucker, 1 Msp Zimt

1 TL Speisestärke (z.B. Mondamin)

1 EL Kirschwasser

1. Eier, Milch, Butter, Salz und Mehl zu einem glatten Pfannkuchenteig verrühren, durch ein Sieb streichen und 30 Minuten ruhen lassen.

2. Die Kirschen entsteinen. Rotwein mit Zucker und Zimt aufkochen, die Kirschen dazugeben und kurz köcheln lassen. Dann durch ein Sieb gießen und den Saft erneut aufkochen. Speisestärke mit Kirschwasser anrühren und den Kirschsaft damit binden. Kurz kochen lassen und die Früchte untermischen.

3. In einer beschichteten Pfanne jeweils etwas Öl und Butter erhitzen und nacheinander 8 dünne Palatschinken (Pfannkuchen) backen.

4. Die Kirschcreme auf den Palatschinken verteilen. Palatschinken aufrollen. Mit Puderzucker bestäuben.

Alfons Schuhbeck

Man kann die Palatschinken je nach Jahreszeit auch mit angedicktem Aprikosen- oder Cranberrykompott füllen.

Venetien

Traumhaft cremige Risottos, verlockende Meeresfrüchte und dazu ein leichter frischer Weißwein – das ist Genießen auf venezianisch.

Die venezianische Küche hat eine weit zurückreichende Vergangenheit. Wagemutige Venezianer, wie Marco Polo, haben schon früh Gewürze und exotische Lebensmittel nach Venedig gebracht, die im übrigen Italien noch völlig unbekannt waren.

Die Mailänder mögen zwar den Risotto erfunden haben, verfeinert haben ihn aber die Venezianer. Das berühmteste Reisgericht Venetiens ist „Risibisi“, das allerdings wenig mit dem zu tun hat, was man bei uns häufig als Risibisi bekommt. Das Original wird aus bestem Risottoreis gemacht, der sich durch die vielen zarten Erbsen grün färbt und die Konsistenz einer dicken Suppe hat. In guten Restaurants Venetiens steht Risibisi nur im Frühjahr während der Erntezeit der Erbsen auf der Speisekarte. Weitere unwiderstehliche Frühlingsgenüsse sind „Risotto Primavera“ oder Spargelrisotto. Eine venezianische Spezialität ist das mit der Tinte des Tintenfischs schwarz gefärbte „Risotto nero“.

Aus der Tradition heraus, daß man früher den Fisch durch Trocknen haltbar gemacht hat, stammt die Vorliebe der Venezianer für Stockfisch. Dabei zieht der venezianische Genießer den ungesalzenen Stockfisch „Stoccafisco“, der nur in Milch eingeweicht wird, dem gesalzenen „Baccalà“ vor. Frische Fische und Meeresfrüchte kommen leichtbekömmlich zubereitet auf den Tisch. Außerdem liebt man in Venetien gebratene Kalbsleber mit Zwiebeln. Das Geheimnis des Geschmacks beruht darauf, daß die Zwiebeln so lange geschmort werden müssen, bis sie leicht süßlich schmecken. Erst dann wird die Leber darin gegart. Dazu wird Polenta gereicht, die ihren Ursprung den Erzählungen nach in Venedig haben soll. Vor langer Zeit hat angeblich ein Seefahrer einen Sack Maismehl im Hafen von Venedig stehenlassen. Die Venezianer waren neugierig und versuchten daraus etwas Eßbares zu machen. Wie man heute weiß, gelang dies, denn Polenta ist zur beliebtesten Beilage der Norditaliener geworden. Eine gute Polenta zuzubereiten bedeutet ständiges Rühren, und sie benötigt reichlich Zeit. Deshalb ist es ein besonderes Zeichen der Zuneigung, wenn man seinen Gästen eine Polenta serviert.

Bekannt ist Venetien darüber hinaus für seine frischen Weißweine. In den vergangenen Jahren hat besonders ein Produkt aus Venetien den deutschen Markt erobert – der Prosecco. Er wird aus der gleichnamigen Rebe gewonnen, die nur in Venetien angebaut wird und leichte, prickelnde Weine oder Schaumweine hervorbringt.

Risotto mit Scampi

Für 4 Personen

400 g grüner Spargel

16–20 Scampi

2 Schalotten

3 EL Olivenöl (extra virgen)

½ Kräuterbrühwürfel (Petersilie/Knoblauch)

200 g Risottoreis, ⅛ l Prosecco

¾ l heiße Gemüsebrühe, 20 g Butter

1 EL Mascarpone (ersatzweise Butter)

30 g frisch geriebener Parmesan

1 TL frische Estragonblätter

Salz, frisch gemahlener Pfeffer

1 EL Zitronensaft, 1 EL gehackte Petersilie

1. Spargelenden kürzen und die Stangen in 1 ½ cm lange Stücke schneiden. Scampi aus den Schalen brechen. Die Schalotten schälen und fein würfeln.

2. In einem Topf 2 EL Olivenöl erhitzen. Die Schalotten darin andünsten. Den zerkleinerten Kräuterbrühwürfel darüberstreuen. Den Reis hinzufügen und unter Rühren einige Minuten andünsten. Abwechselnd Prosecco und Brühe angießen und einkochen lassen. So fortfahren, bis der Reis gegart ist.

3. Die Spargelstücke in der Butter bißfest dünsten. Die Scampi in einer zweiten Pfanne im restlichen Öl kurz braten.

4. Spargel, Mascarpone, Parmesan und die gehackten Estragonblätter unter den Risotto mischen. Mit Salz, Pfeffer und Zitronensaft abschmecken. Risotto auf tiefe Teller verteilen, die Scampi darauf anrichten. Risotto mit Petersilie bestreut servieren.

Gebratene Kalbsleber mit gefüllten Radicchioblättern

Für 4 Personen

Für die gefüllten Radicchioblätter:

2–3 große, runde Radicchioköpfe

je 1 gestr. TL Salz und Zucker

8 hauchdünne Scheiben San-Daniele-Schinken oder Parmaschinken

200 g Gorgonzola

1 TL Puderzucker

10 g Butter

4–5 EL Prosecco

1 EL Marsala

4–5 EL Gemüsebrühe

Für die Kalbsleber:

2 EL Rosinen, 1 EL Marsala

4 dünne Scheiben Kalbsleber à 125 g

Salz, frisch gemahlener Pfeffer

4 EL Olivenöl (extra virgen)

10 g Butter

1 Thymianzweig

4 Wacholderbeeren

1 Lorbeerblatt

2 Pfirsichhälften

2 EL Aceto Balsamico

1 EL kleine Kapern

1. Jeweils die äußeren Blätter der Radicchioköpfe vorsichtig ablösen. Den Rest für ein anderes Gericht verwenden, z.B. einen Salat.

2. Die Blätter 1 bis 2 Minuten in kochendem Wasser mit Salz und Zucker blanchieren. Nebeneinander auf einem Küchentuch abtropfen lassen. Die Schinkenscheiben halbieren und die Radicchioblätter damit belegen. Gorgonzola in kleine Würfel schneiden und auf den Blättern verteilen. Die Blätter aufrollen und mit Küchengarn zusammenbinden. Den Backofen auf 180° C vorheizen.

3. Puderzucker goldgelb karamelisieren lassen. Die Butter unterrühren und mit Prosecco ablöschen. Etwas einkochen lassen und Marsala und Gemüsebrühe angießen. Die Radicchioröllchen hineinsetzen und zugedeckt im Backofen etwa 5 Minuten garen.

4. Rosinen in Marsala einweichen. Die Leber salzen und pfeffern. Das Olivenöl erhitzen und die Leberscheiben darin anbraten. Butter, Thymian, Wacholderbeeren und Lorbeerblatt dazugeben und die Leberscheiben bei schwacher Hitze kurz ziehen lassen.

5. Die Radicchioröllchen herausnehmen und warm stellen. Den Fond durch ein Sieb gießen. Pfirsichhälften in kleine Würfel schneiden und mit dem Essig, den eingeweichten Rosinen und den Kapern unter den Radicchiofond rühren.

6. Die Leber mit den gefüllten Radicchioblättern auf Tellern anrichten und die lauwarme Sauce darüberträufeln.

Dazu paßt Weißbrot und ein Glas Prosecco.

Alfons Schuhbeck

In Venetien, dem Hauptanbaugebiet von Radicchio, wird das Gemüse oft geschmort oder zu Suppen und Eintöpfen verarbeitet. Dafür bevorzugt man den länglichen Radicchio di Treviso. Für die Röllchen ist der runde Radicchio besser geeignet, da sich die Blätter leichter aufrollen lassen.

Rotbarben auf Gemüse-Oliven-Salat

Für 4 Personen

4 Rotbarben à 250 g (küchenfertig)

Saft von 1 Zitrone

Salz, frisch gemahlener Pfeffer

20 schwarze Oliven

300 g Gemüsefenchel, 2 Möhren

4 EL Olivenöl (extra virgen)

1 EL Kapern

4 Knoblauchzehen

1. Die Rotbarben waschen und trockentupfen. Fisch innen und außen mit etwas Zitronensaft beträufeln und mit Salz und Pfeffer würzen. Oliven entkernen. Gemüsefenchel putzen, das Grün abschneiden und beiseite legen. Die Fenchelknolle halbieren und quer in hauchdünne Streifen schneiden. Möhren schälen und ebenfalls in hauchdünne Scheiben schneiden.

2. Den restlichen Zitronensaft über das vorbereitete Gemüse träufeln. Gemüse salzen und pfeffern und mit Olivenöl und Kapern vermischen. Den Backofen auf 160° C vorheizen.

3. Das Gemüse auf 4 ausreichend große Bögen Alufolie verteilen, jeweils eine ungeschälte Knoblauchzehe dazugeben und je eine Rotbarbe darauf legen. Die Folie zu einem Päckchen verschließen. Päckchen auf eine feuerfeste Platte legen und heißen Backofen etwa 25 Minuten garen.

4. Das Fenchelgrün kleinschneiden, die Folie öffnen und die Rotbarben auf Gemüse mit dem Fenchelgrün bestreuen. Sofort servieren.

Marinierte Miesmuscheln mit Gemüsestreifen

Für 4 Personen

2 kg Miesmuscheln

2 Möhren, 1 Zwiebel

1 rote Paprikaschote, ½ Lauchstange

8 EL Olivenöl (extra virgen)

1 Knoblauchzehe, 1 Lorbeerblatt

Salz, gemahlener schwarzer Pfeffer

50 ml Weißwein, ¼ l Gemüsebrühe

Saft von 1 Zitrone, 3 Petersilienzweige

1. Die Muscheln unter fließend kaltem Wasser bürsten, geöffnete Muscheln aussortieren und wegwerfen. Muscheln im kochenden Wasser garen, bis sie sich öffnen. Abgießen und noch geschlossene Muscheln aussortieren und wegwerfen.

2. Möhren und Zwiebel schälen, Paprikaschote halbieren, die Stielansätze und die Trennwände entfernen. Den Lauch putzen und waschen. Möhren, Zwiebel, Paprika und Lauch in dünne Streifen schneiden.

3. In einer großen Pfanne das Olivenöl erhitzen und Möhren, Zwiebel und Paprika darin andünsten. Die geschälte Knoblauchzehe und das Lorbeerblatt dazugeben und mit andünsten. Dann die Lauchstreifen untermischen und 2 bis 3 Minuten mit garen. Salzen, pfeffern und mit Weißwein ablöschen. Die Gemüsebrühe angießen und die Pfanne von der Kochplatte nehmen. Zitronensaft und Olivenöl unterrühren. Gemüse mit etwas Salz und Pfeffer würzen und die gehackte Petersilie untermischen.

4. Die gekochten Muscheln unter die Gemüsemarinade mischen und kurz durchziehen lassen. Auf Tellern anrichten und mit Weißbrot servieren.

Kaninchenrücken mit Tomaten-Spinat-Gemüse

Kaninchen ist nach Schwein und Hähnchen die beliebteste Fleischsorte in Italien. Am besten schmecken natürlich Wildkaninchen, der überwiegende Anteil kommt allerdings aus Zuchtfarmen. In Venetien liebt man Kaninchen mit Gemüse geschmort über alles.

Für 4 Personen

1 Rosmarinzweig

1 Knoblauchzehe

5 EL Olivenöl (extra virgen)

8 Kaninchenrückenfilets (küchenfertig)

800 g frischer Spinat

6 vollreife Tomaten

Salz, frisch gemahlener Pfeffer

3 EL trockener Weißwein

1 EL kleine Kapern

5 EL Gemüsebrühe

2 EL Olivenöl (extra virgen)

1 Knoblauchzehe

frisch gemahlener Piment

1 Prise Cayennepfeffer

1. Rosmarinnadeln hacken, Knoblauch schälen, in dünne Scheiben schneiden und beides mit dem Olivenöl verrühren. Die Kaninchenrückenfilets damit bestreichen und mit Frischhaltefolie umhüllt 6 Stunden im Kühlschrank marinieren.

2. Den Spinat verlesen, waschen und gut abtropfen lassen. Tomaten kurz überbrühen, häuten, halbieren, entkernen und in Würfel schneiden.

3. Kaninchenfilets salzen, pfeffern und in der Marinade bei schwacher Hitze anbraten. Mit Weißwein ablöschen, die Kapern dazugeben und die Brühe angießen. Bei schwacher Hitze in 4 bis 5 Minuten gar ziehen lassen, dabei gelegentlich mit der Marinade begießen.

4. Das Olivenöl in einem flachen Topf mit der ungeschälten Knoblauchzehe erhitzen. Nach und nach den Spinat hinzufügen und zusammenfallen lassen. Die Tomaten unterrühren und das Gemüse mit Salz, Pfeffer, Piment und Cayennepfeffer würzen.

5. Das Gemüse auf Teller verteilen und die in Scheiben geschnittenen Kaninchenrückenfilets mit der Sauce darauf anrichten.

Alfons Schuhbeck

Wie immer, war es für mich auch in Venetien schwierig auszuwählen, was mir besonders typisch erschien und was mir auch wirklich gut schmecken konnte. Es gibt neben den Rezepten in diesem Kapitel viele weitere Spezialitäten, die es sich zu probieren lohnt, wenn Sie einmal in Venetien sind:

„Baccalà alla vicentina“: Dafür schichtet man Stücke vom Stockfisch mit gerösteten Zwiebeln, Knoblauch und Petersilie in eine Auflaufform und gießt gewürzte Milch darüber. Mit Käse bestreut langsam im Backofen garen.

„Pastissada“: Ein Ragout aus Pferdefleisch, das mit Zwiebeln, Tomaten, Rotwein und Gewürzen geschmort und immer mit Polenta serviert wird.

„Radicchio rosso“: Die roten, länglichen Köpfe des Radicchio di Treviso werden unterschiedlich zubereitet: gegrillt oder mit Speck und Zwiebeln geschmort, aber auch paniert und gebraten.

„Zuppa di trippa“: Eine würzige Suppe aus Kutteln, Gemüse, Speck und Gewürzen, die mit Parmesan bestreut serviert wird.

Fischsuppe

Für 4 Personen

200 ml trockener Weißwein, 1 TL Pfefferkörner

1 rote Paprikaschote, 2 Selleriestangen

1 dünne Lauchstange

1 Knoblauchzehe, 1 Lorbeerblatt

3 EL Olivenöl (extra virgen)

Salz, 1 Prise Zucker, 1 Prise Cayennepfeffer

8–10 Safranfäden

1 TL Tomatenmark

¾ ml Gemüsebrühe

300 g ausgelöste Fischfilets von verschiedenen Mittelmeerfischen

1 Eigelb, 1 EL feingeschnittene Basilikumblätter

1. Weißwein mit den Pfefferkörnern auf ein Drittel einkochen lassen, dann durch ein Sieb gießen.

2. Paprikaschote halbieren, die Stielansätze und Trennwände entfernen. Die Paprikahälften und die geputzten Selleriestangen in kleine Würfel schneiden. Lauch putzen, waschen und in Ringe schneiden.

3. Knoblauchzehe und Lorbeerblatt in Olivenöl anrösten, das vorbereitete Gemüse dazugeben und mit andünsten. Gewürze und das Tomatenmark unterrühren. Die Brühe angießen und das Gemüse darin bißfest garen.

4. Fischfilets waschen, trockentupfen und in mundgerechte Stücke teilen. In die Suppe geben und in wenigen Minuten gar ziehen lassen.

5. Das Eigelb mit dem eingekochten Weißwein im Wasserbad schaumig schlagen und mit dem Basilikum unter die heiße Suppe rühren. Die Fischsuppe sofort servieren.

Aal mit Kräutern

Für 4 Personen

1 kg Aal (küchenfertig)

1 Rosmarinzweig

1 kg vollreife Tomaten, 1 Zwiebel

1 Knoblauchzehe

1 TL Puderzucker

5 EL Olivenöl (extra virgen)

⅛ l trockener Weißwein

Salz, frisch gemahlener Pfeffer

frisch gemahlener Piment

1 EL feingeschnittene Basilikumblätter

1. Den Aal am besten gleich vom Fischhändler häuten, filetieren und in 5 cm lange Stücke schneiden lassen.

2. Die Rosmarinnadeln fein hacken. Tomaten kurz überbrühen, häuten, halbieren, entkernen und in kleine Würfel schneiden. Zwiebel und Knoblauch schälen und fein würfeln.

3. Puderzucker in Olivenöl karamelisieren lassen und die Zwiebel- und Knoblauchwürfel darin glasig dünsten. Wein angießen und auf etwa ein Drittel der Flüssigkeit einkochen lassen. Die Tomatenwürfel dazugeben und kurz durchrühren. Mit Salz, Pfeffer und Piment würzen. Die Basilikumblätter untermischen und das Gemüse beiseite stellen.

4. Die Aalstücke mit Salz und Pfeffer würzen und im restlichen, erhitzten Olivenöl auf jeder Seite etwa 2 Minuten anbraten. Die gehackten Rosmarinnadeln dazugeben.

5. Das Tomatengemüse auf Tellern verteilen und die gebratenen Aalstücke darauf anrichten.

Cappuccino-Halbgefrorenes

Für 4 Personen

Für die Crema:

3 EL Espresso-Kaffeebohnen

125 g Sahne

Für das Halbgefrorene:

2 EL Espresso

90 g Zucker, 2 EL löslicher Espresso

2 EL Rum

3 Eigelbe

200 g Sahne

1 Msp Vanillemark

Kakao zum Bestäuben

1. Die Kaffeebohnen in einer Pfanne ohne Fett rösten, die Sahne angießen und 12 Stunden zugedeckt im Kühlschrank ziehen lassen.

2. Espresso mit 50 g Zucker und dem löslichen Espresso kurz aufkochen. Den Rum unterrühren. Eigelb mit 30 g Zucker im Wasserbad schaumig schlagen und unter Rühren die Espressomischung dazugeben. So lange über einer Schüssel mit Eiswasser weiterschlagen, bis die Schaummasse kalt ist. Die Sahne steif schlagen und unterheben.

3. Vier Kaffeetassen zu dreiviertel mit der Espressocreme füllen. Die Creme mindestens 2 Stunden im Tiefkühlgerät erstarren lassen.

4. Die Sahne mit den Kaffeebohnen durch ein Sieb gießen und mit dem Vanillemark und dem restlichen Zucker cremig aufschlagen. Jeweils ein Sahnehäubchen auf das Eis setzen und mit Kakao bestäuben.

Tiramisu mit Amaretti

Für 4 Personen

16 Amaretti

8 cl Espresso, 2 cl Grappa

2 Eigelbe

4 cl Marsala

40 g Zucker

250 g Mascarpone

Kakao zum Bestäuben

1. Die Hälfte der Amaretti in eine Mischung aus Espresso und Grappa tauchen und auf vier Dessertschalen verteilen.

2. Eigelb mit Marsala und Zucker im Wasserbad dickschaumig aufschlagen.

3. Mascarpone mit einem Schneebesen glattrühren und den Marsalaschaum locker und gleichmäßig unterheben. Die Creme auf den Amaretti verteilen.

4. Die restlichen Amaretti ebenfalls in die Espressomischung tauchen und in die Mitte der Creme drükken. Mindestens 1 Stunde kühl stellen. Kurz vor dem Servieren mit Kakao bestäuben.

Alfons Schuhbeck

Wie kein anderes Dessert aus Italien hat Tiramisu in den 80er Jahren die Herzen der Süßschnäbel in aller Welt erobert.

Üblicherweise wird Tiramisu mit in Espresso getränkten Löffelbiskuits und einer Mascarponemasse in eine Form geschichtet und ähnlich wie ein Kuchen in Stücke geschnitten. Der Name „Richte mich auf" trifft sicherlich zu, denn das Dessert hat es in sich – vor allem was die Kalorien betrifft. Dies ist eine raffinierte und leichte Version des Dessertklassikers, der vermutlich aus Venetien stammt.

Wachau

Verführerische Mehlspeisen und beschwingte Walzerklänge – Genießerherz, was willst du mehr!

Die Wachau ist eine kleine, aber feine Weinregion, die sich über 35 Kilometer entlang der Donau von Melk bis Mautern erstreckt. Sie gilt als eine der schönsten Tallandschaften Europas. Die Weinberge liegen auf der linken Stromseite und reichen teilweise direkt an das Donauufer. Der mineralstoffreiche Boden und die hohe Luftfeuchtigkeit sind die idealen Voraussetzungen für herrliche Weißweine, insbesondere für Riesling und Grünen Veltliner.

Wegen der traumhaften Lage mit den herrlichen Weinbergen entlang der Donau, den vielen Klöstern und nicht zuletzt den zahlreichen gemütlichen Buschenschänken ist dieses Fleckchen Erde ein heißgeliebtes Touristenziel, das bevorzugt auch mit dem Rad erobert wird.

Dabei schätzt man natürlich die unkomplizierten Buschenschänken. Ob man dort etwas zu essen oder zu trinken bekommt, erkennt man daran, daß „ausg'steckt" ist. Das bedeutet, daß ein deutlich sichtbarer Föhrenzweig (österr. Buschen) mit weißen oder roten Bändern – je nachdem, ob Weiß- oder Rotwein ausgeschenkt wird – vor der Tür steht. In Buschenschänken dürfen nur kalte Speisen serviert werden. Herrliche Würste, schmackhafte Schinken und angemachter Käse sowie herzhaftes Brot – dazu einen frischen Grünen Veltliner. Alles ganz einfach, aber von bester Qualität, so macht Genießen Spaß!

Obwohl die Wachauer Küche natürlich auch stark geprägt ist von der Wiener Küche und diese wiederum von der ehemaligen Donaumonarchie Österreich-Ungarn, hat sie doch, bedingt durch die typischen regionalen Produkte, einen eigenen Stil.

Da sich in der Donau, die sich reizvoll durch die Wachau schlängelt, zahlreiche Fische tummeln, stehen natürlich viele Fischgerichte auf der Speisekarte: vom Donauwaller bis hin zu den Hechtnockerln, einer Wachauer Spezialität.

Die Wachau ist aber nicht nur ein Weinland, sondern auch ein Obstland. Neben vielen anderen Früchten ist die Region vor allem für ihre saftigen und aromatischen Marillen (Aprikosen) bekannt. Damit lassen sich die beliebten Süßspeisen zaubern, angefangen von Marillenknödeln bis hin zum Strudel mit Marillenfüllungen, und nicht zu vergessen die köstlichen Marillenkonfitüren.

Wer in der Wachau war und keine der traumhaften Mehlspeisen gegessen und einen Marillenschnaps „darübergestreut" hat, der hat dieses kleine Paradies nicht wirklich erlebt.

Hechtnockerln

Für 4 Personen

Für die Hechtnockerln:

500 g entgrätetes Hechtfilet (gut gekühlt)

500 g Sahne (gut gekühlt), Salz

weißer Pfeffer, frisch geriebene Muskatnuß

1 TL feinwürziger Senf

Für die Sauce:

1 Zwiebel, ½ Lauchstange, 80 g Butter

1 Bund Rucola (ersatzweise Dill)

2 EL Noilly-Prat, 6 EL Weißwein

400 ml Hühnerbrühe, 125 g Sahne

Cayennepfeffer

1 TL Zitronensaft

1. Fischfilet in Würfel schneiden und im Mixer zu einer glatten Farce pürieren. Dabei nach und nach die Sahne dazugießen. Gewürze und Senf unterrühren und die Farce kalt stellen.

2. Zwiebel schälen, Lauch putzen und beides in kleine Würfel schneiden. In der zerlassenen Butter mit 2 bis 3 grobgeschnittenen Rucolastielen andünsten. Mit Noilly-Prat und Weißwein ablöschen und etwas einkochen lassen. Die Brühe angießen und um ein Drittel der Flüssigkeit einkochen lassen.

3. Die Sauce durch ein Sieb gießen, Sahne und restliche Butter dazugeben. Mit dem Stabmixer aufschlagen. Würzen und den gehackten Rucola untermischen.

4. Salzwasser aufkochen. Mit zwei nassen Löffeln Nockerln von der Hechtmasse abstechen und darin gar ziehen lassen. Nockerln in der Sauce anrichten und mit frischen Kräuterblättern garnieren.

Gefüllte Kartoffelknödel auf Spitzkohl

Für 4 Personen

Für die Knödel:

700 g mehligkochende Kartoffeln

40 g Butter

300 g Kartoffeln (am Vortag gekocht)

100 g Mehl, 3 Eigelbe

Salz, frisch gemahlener Pfeffer

frisch geriebene Muskatnuß

Für die Füllung:

2 altbackene Semmeln, ⅛ l Milch

1 kleine Zwiebel, 1 Knoblauchzehe

je 2 Petersilien- und Majoranzweige

20 g Butter

je 125 g mageres Schweine- und Kalbfleisch

1 kleines Ei

1 TL scharfer Senf, 1 Prise Cayennepfeffer

Für den Spitzkohl:

500 g Spitzkohl

1 EL Puderzucker

20 g Butter, 1 Lorbeerblatt

1 Prise frisch gemahlener Piment

50 ml trockener Weißwein

50 ml Hühnerbrühe

½ Bund Schnittlauch

1. Die Kartoffeln schälen, fein reiben und in ein Mulltuch geben. Mit den Händen fest ausdrücken, damit die Kartoffelraspel möglichst trocken sind. In zerlassener Butter 4 bis 5 Minuten andünsten, dabei dürfen sie nicht bräunen.

2. Die gekochten Kartoffeln durch eine Kartoffelpresse drücken und mit Mehl und Eigelb zu einem geschmeidigen Teig verkneten. Mit Salz, Pfeffer und Muskat würzen.

3. Die Semmeln kleinschneiden, mit der heißen Milch begießen und kurz ziehen lassen. Zwiebel und Knoblauch schälen, in kleine Würfel schneiden und mit den grobgehackten Kräutern in Butter andünsten. Das Fleisch in Würfel schneiden und mit der Zwiebelmischung und den ausgedrückten Semmeln durch den Fleischwolf drehen oder in der Küchenmaschine zerkleinern. Das Ei unterrühren und die Fleischfarce mit Senf, Salz, Pfeffer und Cayennepfeffer würzen.

4. Reichlich Salzwasser in einem breiten Kochtopf aufkochen. Vom Kartoffelteig tischtennisballgroße Stücke abnehmen, in der Hand flach drücken und eine gleich große Kugel von der Fleischfarce in die Mitte geben. Mit dem Kartoffelteig umhüllen und zu Knödeln formen. Die Knödel in das kochende Salzwasser legen und in etwa 20 Minuten gar ziehen lassen.

5. Vom Spitzkohl den Strunk herausschneiden und die Kohlblätter in Rauten oder Würfel schneiden. Puderzucker in einem Topf karamelisieren lassen. Die Butter unterrühren, das Lorbeerblatt und den Kohl hinzufügen, mit Salz und Piment würzen und kurz andünsten. Mit Weißwein und Brühe ablöschen, etwas einkochen lassen und das Spitzkohlgemüse zugedeckt bißfest garen.

6. Das Gemüse auf vier vorgewärmte Teller verteilen, die Knödel darauf anrichten und mit dem fein geschnittenen Schnittlauch bestreuen.

Alfons Schuhbeck

Die österreichische Bezeichnung für Hackfleisch ist Faschiertes. Die Knödel schmecken auch mit faschiertem Rind- oder Wildfleisch gefüllt.

Kartoffelkäs

Für 4 Personen

500 g mehligkochende Kartoffeln, Salz

1 Zwiebel, 20 g Butter

1 Bund Schnittlauch

200 g saure Sahne

frisch gemahlener Pfeffer

1 Prise gemahlener Kümmel

1 gestr. EL Paprikapulver (edelsüß)

1 Prise Cayennepfeffer

1 EL Zitronensaft

1. Die Kartoffeln in wenig kochendem Salzwasser garen. Das Kochwasser abschütten, die Kartoffeln abdampfen lassen und schälen. Heiß durch die Kartoffelpresse drücken.

2. Die Zwiebel schälen, in kleine Würfel schneiden und in der Butter glasig dünsten. Schnittlauch in feine Röllchen schneiden und mit den Zwiebeln unter die Kartoffeln mischen.

3. Die saure Sahne unterrühren und die Kartoffelcreme mit Salz, Pfeffer, Kümmel, Paprika, Cayennepfeffer und Zitronensaft würzen. Kühl stellen und durchziehen lassen.

Alfons Schuhbeck

Kartoffelkäs ist ein beliebtes Jausengericht in der Wachau. Man streicht die Kartoffelcreme auf kerniges Bauernbrot und genießt es dann mit einem Grünen Veltliner.

Jede Hausfrau hat ihr ganz spezielles Kartoffelkäsrezept. Manche verfeinern die Kartoffelmasse noch mit süßer Sahne, andere bestreuen das Kartoffelkäsbrot mit frischen Zwiebelwürfeln, und natürlich würzt jeder nach eigenem Gusto.

Kartoffel-Topfen-Dotsch

Für 4 Personen

250 g Topfen (Quark, 20% Fett i. Tr.)

500 g mehligkochende Kartoffeln

100 g saure Sahne

2 Eigelbe

Salz, frisch gemahlener Pfeffer

frisch geriebene Muskatnuß

2 Eiweiße

20 g Butter

2 EL Keimöl

1. Den Topfen (Quark) in einem Sieb einige Stunden gut abtropfen lassen.

2. Die Kartoffeln schälen, fein reiben und in ein Mulltuch geben. Mit den Händen fest ausdrücken, dabei das Abtropfwasser auffangen.

3. Die trockenen Kartoffelraspel mit Topfen, saurer Sahne und Eigelb verrühren und mit Salz, Pfeffer und Muskat würzen. Die abgesetzte Stärke untermischen.

4. Eiweiß mit einer Prise Salz steif schlagen und unter die Kartoffelmasse ziehen.

5. Butter und Öl in einer Pfanne erhitzen. Mit einem Eßlöffel etwas von der Kartoffelmasse in das heiße Fett setzen. Mit dem Löffelrücken flach drücken und auf beiden Seiten bei mittlerer Hitze so lange braten, bis die Plätzchen gar und goldbraun sind.

Alfons Schuhbeck

Zum Kartoffeldotsch ißt man in der Wachau im Sommer bunt gemischten Salat und im Winter Sauerkraut.

Marillenknödel

Für 4 Personen

500 g mehligkochende Kartoffeln, 50 g Butter

50 g Hartweizengrieß, 1 TL Salz

1 Ei, ca. 100–120 g Mehl

frisch geriebene Muskatnuß

8 kleine Marillen (Aprikosen), 60 g Nougat

80 g Butter

40 g Zucker, 100 g Semmelbrösel

Puderzucker zum Bestäuben

1. Backofen auf 180° C vorheizen. Die Kartoffeln auf ein Backblech legen und im Backofen 30 bis 40 Minuten backen. Schälen und durch die Kartoffelpresse drücken. Etwas abkühlen lassen.

2. Butter, Grieß, Salz, Ei und etwa 100 g Mehl zu den Kartoffeln geben, mit Muskat würzen und rasch zu einem glatten Teig verkneten. Falls nötig, etwas mehr Mehl nehmen. Kartoffelteig etwa 15 Minuten ruhen lassen.

3. Die Marillen entkernen. Den eiskalten Nougat in Würfel schneiden und in die Früchte drücken.

4. Die Marillen mit dem Kartoffelteig umhüllen und mit leicht bemehlten Händen zu Knödeln formen. In einem Kochtopf reichlich Salzwasser aufkochen und die Knödel darin 12 bis 15 Minuten gar ziehen lassen. Herausheben und gut abtropfen lassen.

5. Die Butter in einer Pfanne aufschäumen lassen, Zucker und Semmelbrösel dazugeben und unter Rühren goldbraun rösten. Die abgetropften Knödel in die Pfanne geben und darin wenden. Mit Puderzucker bestäubt servieren.

Mohnnudeln

Für 4 Personen

500 g mehligkochende Kartoffeln, 50 g Butter

50 g Hartweizengrieß, 1 TL Salz

1 Ei, ca. 100–120 g Mehl

frisch geriebene Muskatnuß

Außerdem:

70 g Butter, 80 g Mohn

1 Prise gemahlener Zimt

Zucker nach Geschmack

etwas abgeriebene Zitronenschale (unbehandelt)

1. Aus den angegebenen Zutaten einen Kartoffelteig zubereiten (siehe Rezept auf Seite 138) und kurz ruhen lassen.

2. Aus dem Teig mit bemehlten Händen kleine, fingerdicke und etwa 7 cm lange Röllchen mit spitz zulaufenden Enden formen.

3. In einem breiten Kochtopf reichlich Salzwasser aufkochen, die Kartoffelnudeln darin 8 bis 10 Minuten gar ziehen lassen. Mit einem Schaumlöffel herausheben und abtropfen lassen.

4. Die Butter in einer Pfanne zerlassen und die Kartoffelnudeln darin schwenken. Mohnsamen mit dem Mörser leicht zerdrücken und mit Zimt, Zucker und Zitronenschale über die Kartoffelnudeln streuen.

Alfons Schuhbeck

Mohnsamen entfalten ihr feines, nussiges Aroma nur, wenn man sie entweder fein mahlt oder wie in diesem Rezept kurz zerquetscht.

Marillenstrudel

Für 4 Personen

Für den Teig:

250 g doppelgriffiges Mehl (Dunst)

1 Prise Salz

3 EL Keimöl

1 EL Essig

100 ml lauwarmes Wasser

Für die Füllung:

1,5 kg Marillen

4 Eigelbe

80 g Zucker

4 Eiweiße

40 g Speisestärke (z. B. Mondamin)

100 g geriebene Mandeln

1 Msp gemahlener Zimt

1 Msp gemahlene Nelken

Außerdem:

Mehl zum Ausrollen, Fett für das Blech

4–5 EL flüssige Butter

1. Die Zutaten für den Strudelteig in der Küchenmaschine zu einem glatten Teig verkneten. Herausnehmen und mit warmen Händen noch einmal durchkneten, bis der Teig glatt und mattglänzend ist. Zu einer Kugel formen, mit Öl bestreichen und mit einem Tuch bedeckt mindestens 30 Minuten ruhen lassen.

2. Die Marillen waschen, halbieren, entkernen und in schmale Spalten schneiden. In eine große Schüssel geben.

3. Eigelb und 40 g Zucker schaumig schlagen. Eiweiß in einer zweiten Schüssel erst auf niederer Stufe leicht schaumig schlagen, dann den restlichen Zucker einrieseln lassen und das Eiweiß dickschaumig aufschlagen. Unter ständigem Rühren die Speisestärke zufügen und so lange weiterschlagen, bis ein fester, kompakter Eischnee entsteht. Zum Schluß die geriebenen Mandeln und die Gewürze unterheben.

4. Eigelb- und Eiweißmasse locker mit den Marillen vermischen. Den Backofen auf 200° C vorheizen.

5. Den Strudelteig halbieren und jede Hälfte auf einem bemehlten Küchentuch ausrollen. Mit beiden Händen jeweils hauchdünn zu einem Rechteck ausziehen, das geht am besten über die leichtbemehlten Handrücken.

6. Das untere Drittel der Strudelblätter mit der Marillenmischung belegen. Dabei an den Rändern etwa 3 cm Platz lassen und die Strudel von der Längsseite her mit Hilfe eines Küchentuches aufrollen. Die Enden jeweils links und rechts gut zusammendrükken und die Strudel mit Hilfe des Tuches auf ein gefettetes Backblech gleiten lassen. Rundherum mit flüssiger Butter bestreichen und im heißen Backofen 25 bis 30 Minuten backen.

Alfons Schuhbeck

Wenn man Strudel hört, denkt man sofort an Österreich. Vor allem an die Donauregionen, weil es da schon immer sehr viel Obst gab, das man mit dem zarten Teig umhüllte.

Der Strudel ist aber eigentlich arabischen Ursprungs. In der Türkei und in vielen arabischen Ländern schätzte man von jeher süße Backwaren aus papierdünnem Teig, parfümiert mit Rosenwasser und häufig mit Nüssen gefüllt. Die Ungarn haben den Strudel perfektioniert und in Österreich populär gemacht!

Register

Bildnachweis

Bavaria:
Bennett 66 (2.v.r.), S. Bohnacker 76-77, 78 (2.v.r.)
Geiersperger 134 (2.v.l.), H. Hardt 134 (1.v.r., 2.v.r., Hintergrundmotiv), Kappelmeyer 44 (1.v.r.),
Gerd Krauskopf 54 (2.v.r.), Wolfgang Meier 112 (1.v.r.),
Messerschmidt 8 (1.v.l.), Neuwirth 78 (1.v.l.),
PP 122 (2.v.r.), Marcella Pedone 88 (1.v.l.),
VCL 66 (2.v.l.), 98-99

BilderPur: Uselmann 8 (2.v.r., Hintergrundmotiv)

IFA-Bilderteam:
Aberham 18-19, 78 (2.v.l., Hintergrundmotiv, 1.v.r.), 132-133
Bernhart 88 (2.v.l.), Diaf 32 (1.v.l., 2.v.l., Hintergrundmotiv), 44 (2.v.r.),
Glück 88 (2.v.r., Hintergrundmotiv), 112 (1.v.l., Hintergrundmotiv) Gyarmathy 112 (2.v.r.), Harris 8 (2.v.l.),
Int. Stock 44 (2.v.l.), Lecom 20 (1.v.r.), 86-87,
Lescourret 122 (2.v.l.), Neupert Christians 112 (2.v.l.),
Noble 42-43, E. Pott 88 (1.v.r.), 110-111,
Rauh 54 (2.v.l., Hintergrundmotiv), Riedl 32 (2.v.r.),
Siebig 30-31, 100 (2.v.l.), Thouvenin 64-65

Span. Fremdenverkehrsamt:
Foat 20 (1.v.l.), Jose Luis G. Grande 20 (2.v.l.)

StockFood:
Stephan Clauss 32 (1.v.r.) Cephas/Kielty 44 (1.v.l., Hintergrundmotiv), Martina Meuth 66 (1.v.l., Hintergrundmotiv), Cephas/Alain Proust 66 (1.v.r.),
Cephas/Mick Rock 6-7, 8 (1.v.r.), 20 (2.v.r., Hintergrundmotiv), 52-53, 54 (1.v.l., 1.v.r.), 100 (1.v.r., 2.v.r., Hintergrundmotiv), 120-121, 122 (1.v.l., 1.v.r., Hintergrundmotiv), 134 (1.v.l.), Martin Skultety 100 (1.v.l.)

Rezeptfotos:

Walter Cimbal:
23, 26, 27, 33, 37, 38, 45, 51, 69, 70, 71, 75, 83, 84, 89, 93, 94, 97, 107, 113, 123, 125, 126, 127, 129, 141

StockFood:
Harry Bischof 39, Susie Eising 9, 15, 29, 55, 59, 60, 61, 67, 85, 95, 101, 105, 106, 109, 115, 118, 119
S. & P. Eising 13, 14, 47, 135 Rosenfeld Images LTD 79
Zabert Sandmann/Heino Banderob 21